·锥形人才系列丛书·

高等职业教育专用教材

细胞学习法

高效学习力的五项修炼

主编 严肃

图书在版编目(CIP)数据

细胞学习法:高效学习力的五项修炼/严肃主编. —合肥:安徽大学出版社,
2019.3(2020.9重印)

ISBN 978-7-5664-1629-2

Ⅰ.①细… Ⅱ.①严… Ⅲ.①学习方法 Ⅳ.①G791

中国版本图书馆 CIP 数据核字(2018)第 136441 号

细胞学习法
——高效学习力的五项修炼

严 肃 主编

出版发行	北京师范大学出版集团 安 徽 大 学 出 版 社 (安徽省合肥市肥西路 3 号 邮编 230039) www.bnupg.com.cn www.ahupress.com.cn
印　　刷	安徽昶颉包装印务有限责任公司
经　　销	全国新华书店
开　　本	170mm×240mm
印　　张	10
字　　数	129 千字
版　　次	2019 年 3 月第 1 版
印　　次	2020 年 9 月第 2 次印刷
定　　价	42.00 元
ISBN 978-7-5664-1629-2	

策划编辑:陈 来　杨 洁　　　　　　装帧设计:李伯骥
责任编辑:朱丽琴　唐洪全　　　　　　美术编辑:李　军
责任印制:陈　　如

版权所有　侵权必究

反盗版、侵权举报电话:0551—65106311
外埠邮购电话:0551—65107716
本书如有印装质量问题,请与印制管理部联系调换。
印制管理部电话:0551—65106311

目 录
contents

导 论　细胞学习法概述

一、细胞学习法的微观机理 …………………………… 2
二、细胞学习法的含义界定 …………………………… 5
三、细胞学习法的基本应用 …………………………… 6

第一章　全脑速读

第一节　全脑速读的学习价值……………………………12
第二节　全脑速读的基本认知……………………………14
　一、阅读 ………………………………………… 14
　二、快速阅读 …………………………………… 15
　三、全脑速读 …………………………………… 17
第三节　全脑速读的训练原理……………………………17
　一、脑电波理论 ………………………………… 17
　二、文字形象化 ………………………………… 19
　三、视野最大化 ………………………………… 20

四、视读节奏化 ……………………………………………… 23

　　五、注意均衡化 ……………………………………………… 24

第四节　全脑速读的训练方法 ……………………………………… 26

　　一、学习状态调整训练 ……………………………………… 26

　　二、速读障碍消除训练 ……………………………………… 26

　　三、整体感知训练 …………………………………………… 29

　　四、视读节奏训练 …………………………………………… 30

　　五、注意力集中训练 ………………………………………… 34

第五节　全脑速读的复习巩固 ……………………………………… 38

　　一、一行文字的训练 ………………………………………… 38

　　二、小段文字的训练 ………………………………………… 39

　　三、大段文字的训练 ………………………………………… 40

　　四、一页文字的训练 ………………………………………… 42

第二章　高效记忆

第一节　高效记忆的学习价值 ……………………………………… 46

第二节　高效记忆的基本认知 ……………………………………… 47

　　一、记忆的加工模式 ………………………………………… 47

　　二、记忆的三种类型 ………………………………………… 48

　　三、记忆的潜能挖掘 ………………………………………… 52

　　四、记忆的四个层次 ………………………………………… 53

第三节　高效记忆的训练原理 ……………………………………… 54

　　一、记忆的内容筛选 ………………………………………… 54

　　二、记忆的规律节奏 ………………………………………… 56

　　三、记忆的触发要点 ………………………………………… 57

四、记忆的保持方法 …………………………………………… 59

第四节　高效记忆的训练方法 …………………………………… **61**
　　一、分段记忆法训练 …………………………………………… 61
　　二、谐音记忆法训练 …………………………………………… 62
　　三、口诀记忆法训练 …………………………………………… 63
　　四、归分记忆法训练 …………………………………………… 66
　　五、精选记忆法训练 …………………………………………… 68
　　六、联想记忆法训练 …………………………………………… 70
　　七、数字记忆法训练 …………………………………………… 71
　　八、图表记忆法训练 …………………………………………… 73

第五节　高效记忆的复习巩固 …………………………………… **75**
　　一、分段记忆法 ………………………………………………… 75
　　二、谐音记忆法 ………………………………………………… 76
　　三、口诀记忆法 ………………………………………………… 76
　　四、归分记忆法 ………………………………………………… 77
　　五、精选记忆法 ………………………………………………… 78
　　六、联想记忆法 ………………………………………………… 79
　　七、数字记忆法 ………………………………………………… 80
　　八、图表记忆法 ………………………………………………… 80

第三章　思维导图

第一节　思维导图的学习价值 …………………………………… **84**
第二节　思维导图的基本认知 …………………………………… **85**
　　一、思维导图 …………………………………………………… 85
　　二、思维导图的核心要素 ……………………………………… 86

三、思维导图渐进提升的 3A 原则 …………………… 90

第三节 思维导图的训练原理…………………… 91
一、思维的集中和发散 …………………………… 91
二、左右脑分工协作理论 ………………………… 91

第四节 思维导图的专项训练…………………… 93
一、思维导图基础训练之左右脑冲突训练 ………… 93
二、思维导图基础训练之词汇联想训练 …………… 94
三、思维导图基础训练之画图训练 ………………… 95
四、思维导图基本操作训练 ………………………… 96

第五节 思维导图的复习巩固…………………… 99
一、如何运用思维导图准备演讲 …………………… 99
二、如何运用思维导图做好会议记录 ……………… 100
三、如何运用思维导图提炼文字内容要点 ………… 101
四、如何运用思维导图制定目标或规划 …………… 102

第四章 信息检索

第一节 信息检索的学习价值…………………… 106
第二节 信息检索的基本认知…………………… 108
一、走进信息检索 ………………………………… 108
二、信息检索的四大要素 ………………………… 108

第三节 信息检索的训练原理…………………… 110
一、信息检索过程 ………………………………… 110
二、信息检索技术 ………………………………… 111
三、信息检索评价 ………………………………… 113

第四节　信息检索的训练方法 ·················· 114
　　一、纸质图书检索训练 ···················· 114
　　二、报刊杂志检索训练 ···················· 118
　　三、数据库检索训练 ······················ 120
　　四、网络搜索引擎检索训练 ················ 125
第五节　信息检索的复习巩固 ·················· 128

第五章　体验学习

第一节　体验学习的学习价值 ·················· 130
第二节　体验学习的基本认知 ·················· 131
第三节　体验学习的训练原理 ·················· 132
　　一、体验学习理论 ························ 132
　　二、学习金字塔理论 ······················ 133
第四节　体验学习的训练方法 ·················· 134
　　一、有效倾听训练 ························ 134
　　二、用心观察训练 ························ 136
　　三、视频试听训练 ························ 138
　　四、主题演讲训练 ························ 138
　　五、小组讨论训练 ························ 142
　　六、实践操作训练 ························ 144
　　七、教授他人训练 ························ 146
第五节　体验学习的复习巩固 ·················· 147

参考文献 ···································· 149
后　记 ······································ 151

导　论
Introduction

细胞学习法概述

一、细胞学习法的微观机理

最新的科学研究显示,细胞是人体的结构和功能单位。共约有40万亿~60万亿个。其中,有一种高度分化的细胞称为神经细胞(又称神经元,Neuron),它是高等动物神经系统的结构单位和功能单位,具有感受刺激和传导兴奋的功能。

细胞理论的支持者认为,神经细胞是独立的单位。直到19世纪末期,神经细胞是独立单位的观点才被普遍接受。神经系统中含有大量的神经细胞,据估计,人类中枢神经系统中约含1000亿个神经细胞,仅大脑皮层中就约有140亿个。例如,眼睛的视网膜上有感光细胞,能接受光的刺激;耳蜗内有听觉细胞,能够接受声音的刺激;鼻黏膜上有嗅觉细胞,能接受气味的变化;舌头味蕾中有味觉细胞,能接受化学物质刺激;遍布全身的触觉细胞能够迅速感受外来的微小刺激,这些细胞都属于神经细胞。作为身体各个部位的指挥员,神经系统可以分为中枢神经系统和周围神经系统,前者包括我们的脑和脊髓,仿佛"中央司令部"一般,负责综合后者"报告"来的各路信息,并做出决策,指挥后者执行。这些信息在单个神经细胞中都以电信号的方式传递——神经细胞的轴突们就像一根根导线,而由髓磷脂形成的髓鞘就是它们的"绝缘皮",促使电信号更快更好地传递。

每个神经细胞都包含一个巨大的电化复合体和功能强大的微数据处理及传递系统。尽管其异常复杂,但它却只有针尖那么大。这些神经细胞看起来像超级章鱼,中间有身体,周围有十根、百根甚至上千根触须。神经细胞一般由三个部分组成:一个细胞体、一个轴突和许多树突。细胞体位于脑、脊髓和神经节中,是神经细胞的代谢和营养中心。

导 论

细胞突起包括树突和轴突，可延伸至全身各器官和组织中。其中，树突形状似分叉众多的树枝，上面散布许多枝状突起，其作用是接收信息和与其他神经细胞联络，从而传输电脉冲。轴突为神经细胞信息输出端，从胞体延伸出来，一般很长。轴突则负责把信号从一个神经细胞传送到其他神经细胞。许多轴突由髓鞘包裹，确保与其他细胞的信息流绝缘。

神经冲动在突触间的传递，是借助神经递质来完成的。当神经冲动到达轴突末梢时，有些突触小泡突然破裂，并通过突触前端的张口处将存储的神经递质释放出来。当这种神经递质经过突触间隙后，就迅速作用于突触后膜，并激发突触后神经细胞内的分子受体，从而打开或关闭膜内的某些离子通道，改变了膜的通透性，并引起突触后神经细胞的电位变化，实现神经兴奋的传递（如下图所示）。

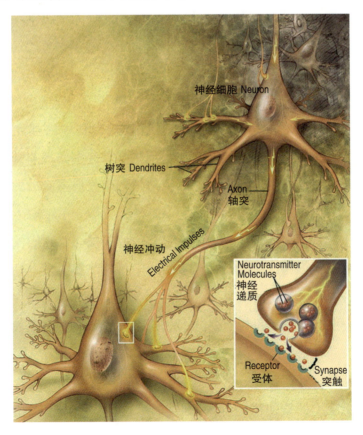

（一）神经细胞突触连接的密度

神经学家就是用长有突触的脑细胞和脑细胞总和的比例来确定人脑的使用率。突触连接越密集，说明脑细胞的使用率越高；突触连接越松散，说明脑细胞的使用率越低。当人的感觉器官接收外界的刺激越多，脑细胞间形成的突触也就越多。如果某个部位只有很少的神经连接，那就表明神经反射的途径还没有得到充分发展，无法高效地传递信息。最值得一提的是，新的神经连接只能建立在既有网络的基础上，不可能凭空长出一个孤立的神经树突。

（二）神经细胞突触连接的强度

西班牙神经解剖学家桑地牙哥·拉蒙卡在100多年前首次描述神经细胞和突触时，提出增加突触的数量或突触连接的强度可能是学习的基础。这一假说随后由唐纳德·赫布等人更明确地确定，成为现在的主流观点——学习的基本机制是突触强度的变化。

来自巴塞尔大学的研究人员报道称，发现大脑中的神经细胞像一个社会网络一样连接在一起。每个神经细胞都与许多其他的神经细胞相连接，但只有少数彼此非常相似的细胞之间会建立最强有力的联系。这些研究结果发布在2015年2月4日的《自然》（Nature）杂志上。具有相似功能的神经细胞之间所建立的少数强有力的连接会对它们伙伴的活性造成最强有力的影响，这可以帮助它们协同作用来放大来自外部世界的信息。

那么，神经细胞之间为何要共享如此大量的微弱连接呢？研究的主要作者之一尼克尔斯博士说："我们认为这有可能与学习有关系。如果神经细胞需要改变它们的行为，就可以增强已经存在的微弱连接，这或许确保了大脑中的快速可塑性。"这项研究是全球致力于通过绘制大脑的连接图，来阐明大脑生成感觉、思维和行为所付诸的研究努力的一个组成部分。"它揭示出了神经细胞网络是如何共同相互作用来处理信息的。"

（三）神经细胞突触连接的可塑性

信息在神经网络中的存储分布于大量的神经细胞之中，即一个事物的信息不只是对应于一个神经细胞的状态进行记忆，而是分散到很多神经细胞中进行记忆。因此，当某些神经细胞受到损伤或死亡时，仍不会丢失其记忆的信息。

在20世纪，科学家们认为大脑在三岁之后基本不会改变。但后续有研究发现，大脑中的神经细胞可以与其他细胞建立新的连接，也可以加强现有的连接。神经细胞之间的突触连接，虽然其基本部分是由遗传所决定的，但是大脑皮层的大部分突触连接是后天由环境的刺激逐步形成的。这种能形成和改变神经细胞之间突触连接的现象称为突触连接的可塑性。因此，我们调动更多的感官从不同角度参与学习就会帮助我们的神经细胞接收更多的信息刺激，并在神经细胞之间建立起更有质量的突触连接。科学研究已经证实，突触连接密度对人们的智力开发及学习效率的提升产生着至关重要的影响。

二、细胞学习法的含义界定

基于以上对人体中神经细胞各项研究成果的梳理，笔者尝试给细胞学习法下一个定义。细胞学习法是指依据人体神经细胞突触连接的原理，通过充分调动眼睛、耳朵、鼻子、嘴巴、手脚等一种或多种感官同时参与学习，借助不同刺激促进神经细胞之间建立起更加密集、稳固和持久的突触连接，从而深度地掌握所学知识、方法和技能的一种高效率的学习方法。

三、细胞学习法的基本应用

（一）细胞学习法应用于全脑速读

我们人类左、右半脑靠胼胝体的2亿多个神经细胞紧密联系。人类进行传统阅读时，主要使用左脑的功能；而在采用"全脑速读"方式阅读时，则充分调动了左、右脑的功能，发挥左、右脑各自的优势共同进行文字信息的形象辨识、意义记忆和理解。美国心理学家奥斯丁发现：当人的左、右脑较弱的一边受到激励而与较强的一边合作时，大脑的总效能不仅仅是1+1=2，而是会增加5~10倍。例如研究显示，人类眼睛看到图像只是感知的开始，而感知的过程至少要经过6次神经细胞间的信息交换才能完成。在此过程中，有数亿个细胞在视网膜和视觉神经之间进行着大量的信息转换，然后由视觉神经把信息传递给大脑。

全脑速读训练要达到质的飞跃一般需要经历一个平台期。在该阶段，我们主观上可能会觉得进步不明显，但该阶段却正是大脑建立新的神经连接的必要过程。我们之所以没有感受到切实的变化，是因为大脑还在进行下一步的隐性工作，即生物学上所说的"包鞘"。每当脑细胞，也就是神经细胞之间建立新连接时，其表面就需要生成一种新的叫做髓磷脂的物质。形象地说就是光有裸露的电缆还不成，必须再裹上一层绝缘橡胶。必须等到这个生物过程结束后，大脑才能获得一条崭新的思维路径，我们的阅读能力才能更上一个台阶。

全脑速读的最终目的就是开发我们的左、右脑细胞并优化视觉神经细胞和脑神经细胞间信息的交换过程，达到在保证阅读质量的前提下大幅提升阅读速度的目标。其核心原理就在于激活脑和眼的巨大潜能，培养阅读者直接把视觉器官感知到的文字符号转换成意义的能力，消除头脑中潜在的发音现象，越过由发声到理解意义的过程，形成眼脑直映式的阅读方式，实现阅读提速的飞跃。

（二）细胞学习法应用于高效记忆

当两个相互间有突触邻接的神经细胞同时受到刺激而同时发生兴奋时，两个神经细胞的突触就会同时发生增生，以至它们之间邻接的突触对的相互作用得到增强，当这种同步刺激反复多次后，两个细胞的邻接突触对的相互作用达到一定的强度（达到或超过一定的阈值）时，它们之间就会产生兴奋的传播现象。此时，当其中任何一个细胞受到刺激产生兴奋时，都会引起另一个细胞产生兴奋，从而形成细胞之间的相互呼应联系，这就是记忆联系。科学家已证明，与具体数据有联系的突触连接的数量决定着数据记忆的质量。也就是说，记忆事情同时发生的连接越多，之后回忆起来的可能性就越大。当一个给定的信息、思想或重新激活的记忆在脑细胞之间传递时，就建立了一个生化电磁通道。这些神经细胞通道就叫做记忆轨迹。当你每次产生一个想法时，带有这个想法的神经通道中的生化电磁阻力就会减少。就像在丛林之中清出一条小路一样，大脑里面的情形差不多，你重复思维模式或图谱的次数越多，它们遇到的阻力就越小。因此，重复本身就增加了自我重复的可能性。也就是说，思维事件发生的次数越多，它再次发生的可能性就越大。

（三）细胞学习法应用于思维导图

我们在电子显微镜下观察到的每一个神经细胞的形状和我们所绘制的思维导图有着惊人的相似，它们都呈放射状，这也是大脑最自然的思考模式和生长方式。当我们用思维导图的绘制方式解决和思考问题时，随着我们手绘思维导图的不断进展，我们的大脑内部同样也在不断建立新的与思维导图相同的神经连接。通过捕捉和表达发散性思维，思维导图将大脑内部运作过程进行了外部呈现。本质上，思维导图是在重复和模仿发散性思维，这反过来又放大了大脑的本能，让大脑更加强大有力。

我们大脑的神经细胞彼此间联络的线路绝大多数都是在人出生后，受到外界环境的刺激而逐步发展形成的。当我们频繁地使用思维导图时，就可以快速地让我们的大脑建立更多的神经连接，相应地我们大脑内部的神经连接就会越紧密。大脑细胞联络线路越多，就越能发挥各细胞彼此间的分工合作，我们大脑的反应速度就会更快。这就好比一座城市，它的交通分布越是星罗棋布、四通发达，那么它的发展速度就越快，经济实力就越强大。

思维导图正是通过模仿脑细胞的无数突触和连接，将其放射状思维架构和大脑信息存储模式实现巧妙的吻合，从而成为目前最接近人的大脑的学习模式和思考方式的工具和技术。

（四）细胞学习法应用于信息检索

台湾清华大学焦传金教授指出："改变是大脑的天性，任何经验都改变着大脑中神经细胞的连接。"大脑倾向于使用神经细胞之间已经建立的神经通路，而不是重新建立的神经通路。也就是说，已经存在的神经通路会在已有信息和未知信息之间不断建立新的突触连接，这将有效提升我们进行信息检索的效率。

大量的实验证明，人们在学习和记忆新东西的时候，并没有在大脑里开辟新的区域，而是通过联系已有的知识进行联结并形成组块。组块是根据意义将信息碎片组成集合。大脑这种通过已有知识学习新知识的特性除了能够帮助我们记忆之外，还有一个更重要的作用：通过在新旧知识之间建立联系网，我们便能够从不同角度和领域对同一个知识进行分析，从而加深我们对其的理解和认识。

当今网络搜索不但精确度低，还存在大量的死链接和重复链接，使用户在查找有用的结果上浪费了大量的时间。这些搜索引擎根据查询关键词在文档中出现的频率来决定文档内容和查询条件之间的相似性。然而，关键词的频率只能粗糙地反映网页的内容。高频率的关键词不一定意味着这个网页的相关度很高。研究指出，大概有75%的搜索结果可能是和查询条件无关的。高效率的神经网络技术运用于信息检索领域正是借助了神经细胞的突触连接和突触可塑性原理。

（五）细胞学习法应用于体验学习

人在出生后的三年里，脑细胞急速发育，脑细胞突触的数量是成人的两倍。在大脑正在形成新的突触时，同时也会除去那些用不到的突触，这个过程叫做突触修剪。当孩子在母亲子宫里时突触修剪就已经开始，但在其出生后到2岁之间会加速进行，此后到6岁之前会逐渐慢下来，然后直到12岁之前会再度加快。虽然，在十几岁期间会继续加快，但速度比较慢。只有经常被用到的突触才会茁壮成长，而不常被用到的则会枯萎。因此，反复经历各种感官体验，才更易于创造一个永久的突触连接。如果先前的体验没有得到加强，神经回路就会变弱，而突触就会消失。因此，突触修剪对于大脑的发育极为重要，与其说这是在失去一些突触，不如说是在强化那些已有的突触。突触修剪提供了一种机制，保证一群特定神经细胞对一个靶位合适而完全的支配。在某些情况下，突触修剪也提供了一种改正错误的机制；在另外一些情况下，它似乎反映了建立通路的一种策略。

研究显示：很多感官体验包括看、听、闻、尝以及触摸等体验学习方式都会影响孩子神经细胞突触连接的发展。你拥抱孩子、对孩子说话、给孩子读书、给孩子吃美味、唱歌给孩子听、和孩子玩记忆游戏、教孩子如何辨认不同的形状和颜色或者带孩子去玩耍，都是在建立神经回路。

经常接受外界各种感官的刺激并进行学习思考可以让神经细胞的突触数目变多。神经细胞之间是靠突触联系的，也就是说突触越多，神经细胞之间的联系就越紧密。这种联系就如同建成了一个信息网络，通路越多人们就越容易通过已经掌握的信息连接新学到的信息并加以有效运用。

第一章
Chapter One

全脑速读

第一节　全脑速读的学习价值

这是一个知识爆炸的时代。

在知识大爆炸的时代，如果你还不具备全脑速读的能力，那么你将被时代所抛弃。

联合国教科文组织曾经做过一项研究：

19世纪初，人类的知识以每50年翻一倍的速度增长。

20世纪初，这一速度变成每10年翻一倍。

20世纪80年代，人类的知识增长速度每3年翻一倍。

20世纪末，人类文明发展的前4900年所积累的文献资料数量，还没有现在一年的文献资料多！

进入21世纪，知识老化速度不断加快。学科与学科之间的界限不断被突破，渗透和融合不断加深，大量的边缘学科和交叉学科不断涌现。到目前为止，仅自然科学的类别就已超过2000门类。

这是一个速度决定未来的时代。

时代发展一日千里，现在全世界每年有80多万种图书问世。如果你每天读一本，需要2000多年才能读完；要读完一年诞生的刊物、报纸、网络信息等，需要耗费几千年。

信息记录的手段由刻、写、活字印刷变成电脑显示和激光照排；记录载体由皮、帛、纸变成磁盘和云空间。但人类获取信息的基本手段依然是读和听。从接收信息的速度看，读明显优于听。日本心理学家山上晓先生认为，人的耳朵内部约有29万个神经细胞，它们每秒钟能够处理8000比特的信息量；视觉系统内存在约90万个神经细胞，它们每秒钟能够处理430万比特的信息量。我们当中的大多数人阅读这些信息的方式依旧是传统的，这不得不让人感到悲哀。

在这个速度决定着一切、影响着一切的时代里，人们的生活、学习、工作正在发生着深刻的变化。火车在提速，飞机在提速，计算机在升级，生活讲节奏，工作讲进度，学习讲速度，就连吃饭都要吃快餐，然而唯有读书没有提速。

全脑速读正在引领阅读领域的一场革命！

在知识信息更迭速度不断加快的今天，即使是精读也需提速，那种蜗牛式的阅读方法已经与时代发展的要求不符。

研究资料显示：在知识更迭日益加快的今天，一个本科生走出校门两年内，一个硕士研究生毕业三年内，一个博士生毕业四年内，如果不及时补充新知识，其所学的专业知识将全部老化。其实，就一个人一生所学的知识来说，在校学习阶段所获得的知识充其量不过是他一生所需的10%，而另外90%的知识都必须在以后的自学中不断获取。

据东方网消息：记者在人才交流洽谈会采访发现，企业为防止人才"折旧"，而更加青睐学习型人才。那些毕业于名牌大学或经验丰富的人才并不像往常那样吃香，很多用人单位在与求职者面谈时首先询问他们的业余学习情况，而对其工作经验是否丰富或毕业学校是否知名显得并不在意。有些面试官不是首先询问求职者学历或是工作经验，而是询问对方业余时间是否学习，以及学习的速度如何。

> 【名人语录】
>
> 你未来唯一持久的优势就是比你的竞争对手学得更快的能力。
>
> ——彼得·圣吉（学习型组织之父）
>
> 未来的文盲不再是不识字的人，而是没有学会怎样学习的人。
>
> ——埃德加·富尔（国际教育发展委员会前主席）

第二节　全脑速读的基本认知

一、阅读

阅读被定义为从书中捕捉作者的意图或吸收所写文字的内容的过程。东尼·博赞在其著作《快速速读》中指出：阅读是个人与符号信息之间发生的全部关联，它通常是指学习的视觉方面，包含下述七个阶段。

（一）识别

对语言符号的认知。

（二）吸收

光线从字面进行反射，被眼睛吸收并经视神经传到大脑的生理过程。

（三）理解

将正在阅读的信息进行梳理整合连接（内部融合）。

（四）领悟

将以前获取的知识与所读的内容结合起来并适当地分析、批判、鉴赏、选择和摒弃（外部融合）。

（五）保留

将所获取的信息存储于你的大脑数据库（记忆的第一阶段）。

（六）回忆

将存储于大脑数据库中的信息提取出来（记忆的第二阶段）。

（七）交流

将所获取的信息立即或最终投入使用。

二、快速阅读

快速阅读记忆的前身是快速阅读，它起源于美国。1945年，一位即将成为中学教员的女大学生——爱维琳·伍德，向她的教授递呈了一篇长达80页的论文，请他对此进行评价，令她吃惊的是，教授很快就看完了全部内容，并提出了中肯的意见。于是她作了一番调查，她发现那些自幼具有快速阅读能力的人具有以下这些特点：

第一，看书时，眼睛沿文字中间从上向下看，而不是像别人从左看到右。

第二，他们同时理解"一组词"，而不是像别人"一个词一个词"地理解。

第三，他们很少回头看，他们从不停下来回头重新读一遍。

12年后，她对这些特点进行了总结和完善，这就有了今日"快速阅读"的雏形。她给美国12位议员教授"快速阅读法",其中包括美国前总统肯尼迪与卡特。

此后,哈佛大学开办了快速阅读班并很快在各地的大、中、小学中普及。国家和各种基金纷纷投资,集中一批专家学者专门研究快速阅读法,并创办速读院校,出版专著,设立学位并可以授予博士学位,这一学科就这样在美国蓬勃发展起来。克林顿与小布什两届政府都投入巨资,进行儿童早期阅读、青少年课外阅读的研究与开发。

在英国,剑桥大学引进了哈佛大学的方法并加以改革,采用电影教学方式开办成人快速阅读训练班。

在法国,20世纪70年代,快速阅读学被列入国家重点科研项目。到80年代初,法国在全国中小学推行"创造性阅读法"。1996年《快速阅读课本》被定为教科书向全国发行。

在韩国,把速读训练效果推向每分钟万字以上,并取得大面积优异的教学成果的,是韩国速读专家金龙镇先生。韩国政府在1981年12月颁布的"私设讲习法令"中允许采用速读课程作为教学科目,并在此基础上建立速读学院,讲习速读。在韩国不论是政界、军警、教师还是企业界的各种组织,一旦取得速读讲师的资格,工资就会提高。而成为专职速读讲师的人,其工资将比原来高出一倍。传授快速阅读的学校几乎遍布所有城市,仅首尔就有几十家。韩国每年度都要举行"最佳速读竞赛大会"。

在日本,速读专家加古德次、芦田献之等分别从韩国、美国引进快速阅读法,并组织团体,开办学校,进行快速阅读的研究与普及工作。

苏联也是开展快速阅读研究和推广比较早的国家之一,早在20世纪20年代,就出版了很多关于快速阅读法的书籍。1966年,敖德萨的两名研究人员用他们自己制造的阅读加速器开始试验快速阅读法。1970年,代号"量子-700号"的试验表明:经过一定时间训练的人,阅读速度能成倍地增加。此后,快速阅读实验室、快速阅读学校在苏联各地纷纷建立，把快速阅读作为正式课程列入教学计划，取得了丰硕成果。

快速阅读引进我国已经比其他发达国家晚了几十年，国人若能较大范围地提升阅读速度将有助于我国国民整体阅读水平的提高。

三、全脑速读

全脑速读是汲取了眼科学、心理学、教育学、语言学和脑神经科学的研究成果精华糅合而成的。它是指人类利用左、右脑对不同信息的识别优势进行高效阅读的方法。该方法从心理、行为和习惯入手，着重于实际应用，通过多方面深入浅出的训练，较普通速读更完美地做到了"看得快、抓得准、记得牢"。全脑速读的构成要素主要包括文字形象化、注意均衡化、视野最大化、视读节奏化。

第三节 全脑速读的训练原理

一、脑电波理论

据脑科学界几十年的研究成果，神经科学界、国际脑波学会根据脑波频率将脑电波分成四类：α波、β波、θ波和δ波。四类脑电波对应大脑呈现四种不同的状态。

当你在紧张状态下，大脑产生的是β波；当你感到睡意朦胧时，脑电波就变成θ波；进入深睡时，变成δ波；当你的身体放松，大脑活跃，灵感不断的时候，就导出了α脑电波。

（一）δ波：深度睡眠脑波状态（范围0.5-3Hz）

当人们的大脑频率处于δ波时，为深度睡眠、无意识状态。人的睡眠品质好坏与δ波有非常直接的关系。δ波睡眠是一种很深沉的睡眠状态，如果在辗转难眠时自己召唤出近似δ波的状态，就能很快地摆脱失眠而进入深度睡眠。

（二）θ波：深度放松、无压力的潜意识状态（范围4-8Hz）

当人们的大脑频率处于θ波时，人的意识中断，身体深沉放松，对于外界的信息呈现高度的受暗示状态，即被催眠状态。θ波对于触发深沉记忆、强化长时记忆等帮助极大，所以θ波被称为"通往记忆与学习的闸门"。

（三）α波：学习与思考的最佳脑波状态（范围8-13Hz）

当人们的大脑频率处于α波时，人的意识清醒，但身体却是放松的，它提供意识与潜意识的"桥梁"。在这种状态下，身心能量耗费最少，相对地脑部获得的能量较高，大脑运作就会更加快速、顺畅、敏锐。α波被视为人们学习与思考的最佳脑波状态。

（四）β波：紧张、压力、脑疲劳时的脑波状态（范围14Hz以上）

人们清醒时，大部分时间大脑频率处于β波状态。随着β波的增加，身体逐渐呈紧张状态，此时人的能量消耗加剧，容易疲倦，若不充分休息，容易堆积压力（这是现代人的通病）。适当的β波对注意力提升及认知行为的发展有积极作用。

国际右脑教育权威七田真教授，通过其全世界近500所右脑教室实践验证：右脑的记忆力是左脑的100万倍，右脑具有高速、大量地记忆和处理信息的能力。

美国神经科学家格瑞·沃尔特于20世纪40年代做了一系列实验，他使用电子频闪观测装置结合脑电图扫记器（EEG），让受测者看节奏性闪光。研究发现大脑能够迅速跟接收到的频率产生同步，此现象称为光导引效应。同期，研究人员又发现了脑波的听觉驱动效应。声光同频调节α脑波是脑科学界公认的最直接、最有效的唤醒右脑记忆潜能的方式。

美国快速学习先驱泰丽·怀勒·韦伯指出：在α波和θ波的状态下，人们可以获得非凡的记忆力、高度专注和不同寻常的创造力。

英国快速学习革新家科林·罗斯指出：α波是一种放松警觉状态的脑电波，能够促进灵感产生、加快资料收集能力的增强和增强记忆。同时，α波能让你进入潜意识，由于自我意识主要是在潜意识之中，因而它是进入潜意识唯一有效的途径。

二、文字形象化

传统阅读者的阅读路线往往是由视觉中心传至语言中心，经发音器官发出声音传至听觉中心，再由听觉中心传到阅读中心，最后阅读者才理解文字的意义。这样曲折迂回的阅读路线太长，不仅费精力，易使人疲劳，而且影响理解和记忆的效果。

"音声化现象"是指读书时以轻声读、默读或潜声读进行逐字发音处理过程的读书形式。"音声化现象"是传统阅读法中的弊病所在，也是全脑速读提高阅读效果道路上须扫除的最大障碍。全脑速读要求我们像看电视画面或图形一样来看文字。不仅如此，它还充分注意开发右脑潜藏的巨大能量，实现"文字形象化"，将视野中的大片文字当成图像来识别，利用右脑的形象思维特点，迅速有效地映入大脑，真正实现眼脑直映。其原理就在于发音器官在严格训练之后受到抑制，视觉不再受逐字换音的牵制，因而视线变得自由，视野广度增大，便于以句、以行、以段，甚至以页为感知单位来进行阅读。由于是通过视觉直接感知文字，省掉了发音阶段，阅读的速度决定于视觉接受信息的速度，而视觉接受信息的速度与大脑的思维更容易趋于一致，因而达到更好的阅读理解效果。具体如图1-1所示。

在传统阅读中，阅读时的工作程序是：眼→口→耳→大脑。而在全脑速读中，通过消除"音声化现象"，阅读的工作程序简化为：眼→大脑。

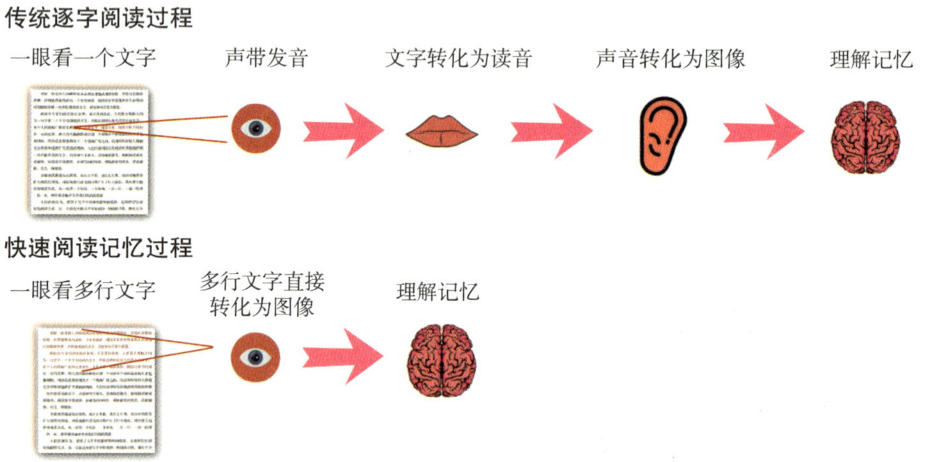

传统逐字阅读过程

一眼看一个文字 → 声带发音 → 文字转化为读音 → 声音转化为图像 → 理解记忆

快速阅读记忆过程

一眼看多行文字 → 多行文字直接转化为图像 → 理解记忆

图1-1 全脑速读与传统阅读的音声化现象比较

三、视野最大化

（一）视点

视点指人的眼睛在看物体或阅读时所看到的清晰点或称之为人的眼睛"注视焦点"。人的视点是人眼睛的主要功能的体现，是人看到客观世界的关键视神经器官的展现"窗口"，也是人类睹物观影和看书视觉的具体表现形式。换句话说，人的视觉功能的实现是通过一个个视点来完成的。

（二）视野

视野指人的眼球向正前方直视不动时所能看见的空间范围。在阅读过程中，眼睛注视的时间约占90%（正是在眼动之间的注视时间，保证了阅读过程中对文字符号的清晰感知）。如果在一次注视的间歇之中，所能感知的信息越多，面积越大，则阅读速度相对越快。

（三）视幅

视幅一般是指人的眼睛视点在阅读书籍或观看物体、图像时其眼睛停顿一次所能看清内容的一个有效幅面。阅读学家常常用来指人在阅读时其眼睛停顿一次所能看清的文字、词组和句子最大限量。

阅读学专家们的实验已证明，在未受训练前，人的最大视幅大约为一行字中三十个字母组成的文字，所能达到的长度大约为半行文字。每个人的视幅广度因生理条件、文化水平、阅读目的、阅读习惯不同而有一定的差异，但人的大脑和眼睛识别一个词和多个词所需时间几乎是相同的。因为信息数量都处于一个视幅广度之内，经过训练任何人都能充分利用和逐渐扩大其阅读视幅。人们经过训练后在阅读时其眼睛停顿一次所能看清的文字、词组和句子越大，其视幅就越大，他的阅读速度就越快，阅读效率就越高。在相等的时间里，视幅越宽的读者，读速越快；反之，则越慢。

全脑速读通过动点凝视、动点上下视、动点左右视、动点对角视等扩大视野的训练，对传统横行读书的习惯产生了巨大冲击；其所建立的新的视觉方式，从一次看一个短语、一个短句、一目一行、一目一段到一目一页，循序渐进地开发着我们的阅读潜能。

人们普遍认为，延续了几千年的细嚼慢咽的精读，是理解记忆最好的阅读方式，这一方面是中国几千年形成的一种阅读习惯，即有它合理的存在依据；另一方面又是一种思维的误解，是人们往往把理解和记忆混淆的结果。虽然精读利于理解，但却是最不利于记忆的阅读。其原因就是精读过于缓慢的节奏和大脑处理信息的节奏差距太大，两者不协调，不匹配。然而，人们依然有一个错误的观念：阅读时，读得慢一点和仔细一点会理解得更好。真的是这样吗？我们来做一个实验。

训练说明：请严格按照划分的节奏，横向依次阅读下面的内容，采用慢一点和仔细一点的方式，以便获得较好的理解能力。

人们——发现——快速——阅读——比——慢速——阅读——更有利于——理解。

大家读的时候会觉得比较困难！因为大脑不是用这种慢得吓人的间隔阅读的。相反，以每分钟400多字的速度阅读时，大脑会觉得舒服很多。这是因为信息按意思分块后会立即被大脑感受到。这种不断增强的理解能力也有助于记忆，因为记忆的基础就是大脑根据意思组织信息。人们发现/全脑速读比慢速阅读/更有利于理解。

其原因在于：一方面，它是利用人脑对图像的超强记忆能力来整体记忆摄入的文字；另一方面，它运用经训练后所具备优良的超宽视觉能力，大量和快速地提取文字信息，使得它提供信息的速度和大脑处理信息的节奏更接近，更容易协调和匹配，能够在很短的时间处理大量的文字材料，如图1-2所示。所以经过严格、科学、系统训练的全脑速读，其理解记忆水平比传统阅读的理解记忆水平丝毫不逊色。

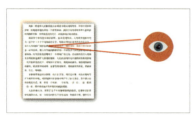
逐字阅读（训练前）

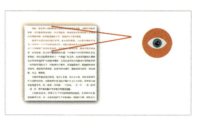
多行多字阅读（训练后）

图1-2 逐字阅读和多行多字阅读比较

四、视读节奏化

如果某个物体是静止的,那么为了看见它,眼睛必须也是静止的;如果物体是移动的,那么眼睛只有随着物体运动才能看见它。阅读时没有移动的目标需要追踪,阅读中的眼动主要指眼跳运动。

我们的眼睛如何阅读?眼睛并不是平滑地在书页上扫视,而是以较小的弹跳从左到右、从右到左、从上到下或从下到上运动,并在继续移动和重复这些过程之前稍作停留,以吸收一个或两个单词。眼睛在移动、暂停、移动、暂停时,只有在暂停期间才能吸收信息,而这些暂停用去了大部分时间。因此,通过缩短每次停顿时间的方式可以立即提高阅读速度。

那些阅读能力较差的读者比那些理解力好的读者有多一倍的停顿或凝视。造成这些额外停顿的原因是,阅读水平较差的读者常常复读(有意识地回到那些被认为漏掉或误解的单词)或回跳(习惯性地回到刚刚看过的单词),以便能正确理解单词的意思。

复读和回跳是由于不相信自己看到或看清楚实际已经看过的信息而产生的。它既是一种心理问题,又表现为习惯使然。这种现象集中表现为注意力分散、阅读不连贯和效率低下等多种缺点。研究表明,在80%的情况中,当不允许读者复读或回跳时,他们发现自己实际上已经理解了那些信息,并且是在他们开始阅读下一个词组时开始理解的。事实上,阅读过程中,你很可能会错过一些信息。然而,你想要的是材料当中你所需要的信息,而并非全部信息。一旦明白了这一点,你就不会担心"眼睛不停顿"会导致理解不畅了。

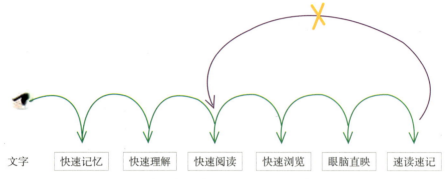

图1-3 阅读眼球移动路线正确方式与错误方式对比

五、注意均衡化

在做到"文字形象化"后,阅读的文字不再是文字,而是摄入视野的图像。但是,如果摄入的文字范围过大,就会出现有的文字清晰,有的文字模糊的现象。这将导致大脑仍然不易对整个"整体图像"做出迅速、全面和明确地处理。只有当摄入视野的这张"整体图像"达到同等清晰,它才能清晰明了地映入脑中。这就要求学习者在精神高度集中的状态下,均衡地将注意力分配给每一个"单位形象",使它们能够同步一致地映入右脑。全脑速读通过进行"注意均衡化"训练使得注意力可以平均分散到"整体图像"的每一个位置,有效保证阅读的质量。

注意的广度是指在同一时间内,意识能够清楚地把握对象的数量。因为人的视觉注意来不及在0.1秒的时间内,由一个注意点移动到另一个注意点上。所以,在这段时间内所察觉到的对象的数量可以表明一个人的注意范围。成年人在未接受训练之前,在0.1秒的时间内,一般能够认清8~9个黑色圆点、4~6个毫无意义联系的外文字母或3~4个几何图形。研究表明,人的注意广度并非固定不变,而是受到注意对象的特点、注意的任务制约及个人的知识经验等因素的影响。

表1-1 全脑速读和传统阅读综合比较

比较项目	传统阅读	全脑速读
做好阅读前的准备	直接阅读	通过调整呼吸、放松入静、冥想暗示等方式诱发α脑电波创造高效的阅读状态
改变不良阅读习惯	音声化（读书时以轻声读、默读或潜声读的方式进行逐字发音处理）、复读（有意识地回到那些被认为漏掉或误解的字词）、回跳（习惯性地回到刚刚看过的字词及换行）、指读（借助手指或外物阅读）、慢读（人为减慢阅读速度）	注意力高度集中，快速抓取信息
优化信息感知方式	合成感知：一次注视一个字或一个词，然后合起来理解其中的意思。这导致了其三个突出的缺点产生：注视次数多，花费时间长；单个字和词不能表示完整的意义，影响理解；视觉接受信息的节奏明显慢于大脑思维的节奏，影响记忆效果	整体感知：一次注视一句话或一段话，整体地理解意思。通过训练不断扩大视野范围，从一目一句、一目一行、一目两行、一目一段直至一目一页
调整信息吸收方式	音声化阅读：看—读—听—大脑，即书面的文字对视网膜产生光学刺激之后传到大脑的视觉中心，再经大脑的语言中枢和听觉中枢处理后，最后传送到大脑的理解记忆中心，导致本来可以一瞥而知的内容不得不反复认知，大大降低了阅读速度和效果	眼脑直映：看—大脑，即经过训练后有效限制发音器官的活动，视觉对文字信息进行直接加工，从而省去了语言中枢和听觉中枢处理的中间环节，将文字信息直接形象化映入大脑进行理解和记忆
改变眼动移动方向	横向平移	垂直下移
控制眼睛停顿时间	较长	较短

第四节　全脑速读的训练方法[①]

一、学习状态调整训练

（一）训练目标

通过训练在阅读前达到身心轻松、注意力高度集中的状态。

（二）训练方法

播放 α 脑波音乐5~8分钟，直背端坐，轻轻闭上眼睛，伴着音乐的节奏做深呼吸，想象洁白轻柔的云雾沿着身体自上而下逐渐弥漫。漫过头部，头部放松；漫过胸部，胸部放松；漫过腰部，腰部放松；漫过腹部，腹部放松；漫过手臂，手臂放松；漫过腿部，腿部放松；漫过脚部，脚部放松。深呼吸，想象洁白轻柔的云雾渐渐包裹整个身体，心中的烦恼和紧张感渐渐消除，直至身心完全放松。

二、速读障碍消除训练

（一）音声化消除训练

1. 训练目标

通过训练逐渐摆脱轻声读、默读或潜声读等阅读习惯，培养直接把

[①] 为了保证训练的科学性、连贯性和有效性，本节的训练方法部分参考《自全脑速读记忆之训练技法与手册》附录提供的含有训练方法的训练图。

视觉器官感知的文字符号转换成意义的习惯，消除头脑中潜在的音声化现象，形成眼脑直映。根据苏联全脑速读专家的研究，只要在有节奏的敲打下读20个小时的书，就可以有效消除音声化现象。

2. **训练方法**

阅读开始后，用食指或中指按照一定的节奏轻轻敲打桌面，通过连续有节奏的敲打抑制内发音并防止外发音的产生。

（二）复读与回跳消除训练

1. **训练目的**

通过训练改变阅读时复读和回跳的习惯，掌握正确的眼睛运动方法。

2. **训练方法**

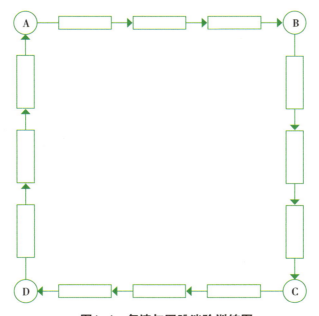

图1-4　复读与回跳消除训练图

复读与回跳消除训练方法：直背端坐，双手横向持图1-4，距眼睛30~40cm，保持自然呼吸，力求做到不眨眼睛。视线沿着A点经过各长方形到B点，再沿着箭头经过各长方形到C点和D点，最后返回A点，循环往复进行快速练习，1分钟为1个练习单位，期间循环练习的次数越多越好，但要注意避免头随着视点移动而晃动。

（三）指读消除训练

1. 训练目的

通过训练改变阅读时对使用铅笔、钢笔、筷子等导引物引导阅读的依赖，避免由于受到导引物移动速度的牵制而导致阅读速度下降。

2. 指读消除的方法

闲	坐	含	香	咀	翠
静	看	碗	里	浮	沉
梦	如	云	添	牵	挂
倾	樽	欲	待	来	客
常	忆	山	中	日	月
沿	堤	柳	润	若	酥

图1-5　阅读引导训练图

运用阅读引导术，眼睛注视图1-5阅读材料的上方居中区域，最大限度地使用垂直和水平外围视觉能力沿着阅读材料的中线自上而下地阅读直至收放自如，每次练习时间为5分钟。

（四）慢读消除训练

1. 训练目的

了解缓慢仔细的阅读并不能很大程度上提升阅读速度，也不能产生很好的阅读效果，掌握提速阅读和降速阅读的方法。

2. 训练方法

阅读时，将阅读速度设置到异常高的速度，进而强制眼睛或大脑系统适应这种非常高的新标准，使自己能够通过建立新的高标准的方式来"自我提高"。1分钟后，再把速度降到自己觉得很舒适的慢速度（这一速度其实仍比原来的正常阅读速度快），如此循环反复数次，直至逐渐消除慢读的习惯。

三、整体感知训练

（一）整体感知基础训练

1. 训练目的

通过整体感知基础训练图A和图B的训练，不断形成外来刺激与暗示，在不知不觉中增加有效视野的宽阔程度，并力求能轻松应对大小不一的信息范围。

2. 训练方法：

（1）整体感知基础训练图A的训练方法：直背端坐，双手横向持图1-6，距眼睛30~40cm，保持自然呼吸，力求做到不眨眼睛。注意力集中于整幅图表，使向外散的全部箭头同样清晰地映入眼帘，尽可能使用深呼吸，暗示自己"视野扩大、全部清晰"，持续30秒，以后逐渐延长至1分钟。

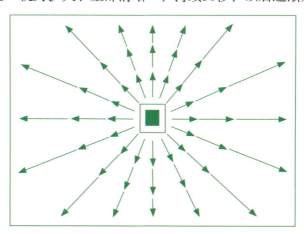

图1-6　整体感知基础训练图A

（2）整体感知基础训练图B的训练方法：直背端坐，双手横向持图1-7，距眼睛30~40cm，保持自然呼吸，力求做到不眨眼睛。注意力紧随视幅变化而变化，从最里面的黑色方块开始看起，一层一层向外拓，依次推进到最外围，然后再一层一层向里收，直到中心黑色方块，再一层一层向外拓。视图过程中，无论看到哪一层，力求这一层之内包含的全部信息如黑色方块、黑色框线和空白部分等都要清晰入目。如此循环往复，在30秒内往返次数越多则效果越好，以后逐渐延长至1分钟。

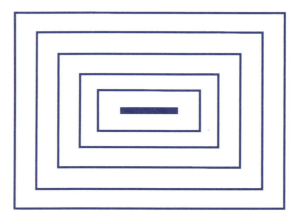

图1-7　整体感知基础训练图B

四、视读节奏训练

（一）视读节奏基础训练

1.训练目的

通过训练视点转移的敏捷和均衡程度，适应眼跳加快和眼停时间缩短的要求，基本达到均衡的每分钟180个视点（0.33秒钟1个视点）的速度要求。

2.训练方法

直背端坐，双手持图1-8，距眼睛30~40cm，保持自然呼吸，力求做到不眨眼睛。目光自A_1点开始，迅速跳至A点，再到A_2点、B_1点、B点、B_2点，然后返回A_1点重新顺向一圈和逆向一圈循环进行，4秒钟一遍，连续8遍，随着练习的深入，速度越来越快，逐渐延长至1分钟。

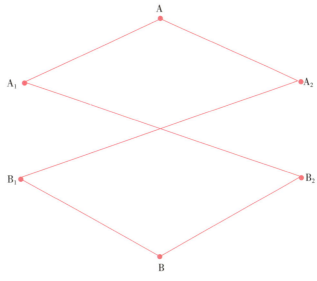

图1-8　视读节奏基础训练图

（二）舒尔特应用训练

舒尔特表是心理学中用来研究和发展心理感知速度的图表，它可以通过动态的练习锻炼视神经末梢。练习的时间越长，看表所需的时间会越短。随着练习的深入，练习者眼球的末梢视觉能力得以提高，可以有效地拓展视幅，加快阅读节奏，锻炼眼睛快速认读。进入提高阶段之后，还可以拓展纵横视幅，达到一目十行、一目一页的效果。

每表按字符顺序，迅速找全所有的字符，平均1个字符用1秒钟成绩为优良，即9格用9秒、16格用16秒、25格用25秒。练习开始阶段，达不到标准程度是非常正常的，切莫急躁。一般应该从9格开始练起，感觉熟练或比较轻松之后，再逐渐增加难度，千万不要因急于求成而使学习热情受挫。视野较宽、注意力参数较高的读者，可以从16格开始练习。如果有兴趣继续提高练习的难度,还可以自己制作25格、36格、49格、64格、81格的表。为了避免反复用相同的表产生记忆,可以自己动手制作不同难度、不同排序的舒尔特表,规格大致为边长20厘米的正方形,1套制作10张表。一定要选择自己熟悉的文字。

1. 数字表训练

(1)训练目的:通过舒尔特数字表的训练,提升我们对数字的注意力、眼跳速读、视野范围、辨别力、稳定性及视觉搜索运动的能力。

(2)训练方法:直背端坐,双手纵向持图1-9,距眼睛30~40cm,保持自然呼吸,力求做到不眨眼睛。将数字由1至16打乱顺序置于格内,分别制成若干套不同排列方式的表,按照顺序迅速找出所有数字,并以秒计算出所用的时间,要求至少达到平均1秒找到一个数字的速度,熟练以后可以继续练习25格、36格、49格、64格、81格等舒尔特数字训练表。用整体感知的方式来看,将视觉注意集中于整个表,以便看清楚表的全貌;在寻找下一个信息时,视线仍集中在表的中心,寻找顺序时不能出声读或在心中默念,更不能用手或导引物指读;凭借注意力的转移依次寻找下一个目标信息,不能有遗漏。

16	9	5	2
3	11	7	12
14	6	10	1
13	4	15	8

图1-9 16格舒尔特数字训练表

2. 字母表训练

(1)训练目的:通过舒尔特字母表的训练,提升我们对字母的注意力、眼跳速读、视野范围、辨别力、稳定性及视觉搜索运动的能力。

（2）训练方法：直背端坐，双手纵向持图1-10，距眼睛30~40cm，保持自然呼吸，力求做到不眨眼睛。将数字由A至P共16个格字母打乱顺序置于格内，分别制成若干套不同排列方式的表，按照顺序迅速找出所有字母，并以秒计算出所用的时间，要求至少达到平均1秒找到一个字母的速度，熟练以后可以继续练习25格、36格、49格、64格等舒尔特字母训练表。用整体感知的方式来看，将视觉注意集中于整个表，以便看清楚表的全貌；在寻找下一个信息时，视线仍集中在表的中心，寻找顺序时不能出声读或在心中默念，更不能用手或导引物指读；凭借注意力的转移依次寻找下一个目标信息，不能有遗漏。

H	F	J	C
D	A	N	L
P	E	B	I
G	K	O	M

图1-10　16格舒尔特字母训练表

3. 汉字表训练

（1）训练目的：通过舒尔特汉字表的训练，提升我们对汉字的注意力、眼跳速读、视野范围、辨别力、稳定性及视觉搜索运动的能力。

（2）训练方法：直背端坐，双手纵向持图1-11，距眼睛30~40cm，保持自然呼吸，力求做到不眨眼睛。将预先编排的一句话、一首诗或熟悉的段落等16个字打乱顺序置于格内，分别制成若干套不同排列方式的表，按照顺序迅速找出所有汉字，并以秒计算出所用的时间，要求至少达到平均1秒找到一个汉字的速度，熟练以后可以继续练习25格、36格、

49格、64格等舒尔特字母训练表。用整体感知的方式来看，将视觉注意集中于整个表以便看清楚表的全貌；在寻找下一个信息时，视线仍集中在表的中心，寻找顺序时不能出声读或在心中默念，更不能用手或导引物指读；凭借注意力的转移依次寻找下一个目标信息，不能有遗漏。

纳	千	无	百
壁	海	有	刚
彻	乃	川	欲
大	则	容	立

图1-11　16格舒尔特汉字训练表

五、注意力集中训练

1. 注意力集中基础训练

（1）训练目的：闭目深呼吸，将身心调整至完全放松状态。心目中映现出阅读目标并进行有效的自我激励，让头脑处于对目标完全警觉的状态，不断提高注意集中能力，使自己能够将意识从他处转移到目标信息，在相应时间内全神贯注并维持下去。

（2）训练方法

直背端坐，双手持图1-12，距眼睛30~40cm，保持自然呼吸，力求做到不眨眼睛。目光全部收拢于方块中心，注视1分钟并同时反复暗示自己："越看越大，越看越清晰。"练习过程中，眼睛不能眨动，要始终凝视目标，将注意力集中于此，若能自然伴随深呼吸，效果会更理想。随着练习的深入，出现模糊的白光及重影的频率会越来越低，清晰度会维持得越来越久。

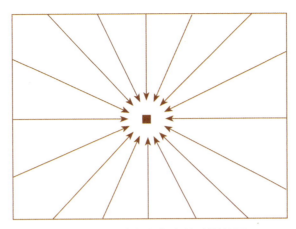

图1-12　注意力集中基础训练图

2. 注意广度基础训练

（1）训练目的：通过训练扩大有效视幅的整体感知力与注意力，使注意力不仅可以集中到单个的目标信息上，而且可以同时掌握一定范围的多个目标信息。

（2）训练方法

① 注意广度基础训练图的训练方法

直背端坐，双手持图1-13，距眼睛30~40cm，保持自然呼吸，力求做到不眨眼睛。一目一行，看清楚并能辨识出视幅范围内的每个符号，

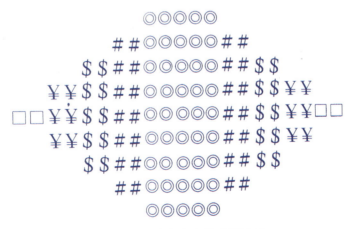

图1-13　注意广度基础训练图

视点自上而下逐行转移,速度不少于每分钟150个视点(0.4秒钟1个视点),训练初期要求训练时间至少达到1分钟。

② 注意广度辅助训练图的训练方法

直背端坐,双手持图1-14(横竖皆可),距眼睛30~40cm,保持自然呼吸,力求做到不眨眼睛。在0.4秒内迅速闪视一行,看清楚并能辨识出视幅范围内的每个文字,马上回想内容,可多次重复直至满意为止。

今天天不错

春江潮水连海平

早起对身体健康有帮助

抽烟喝酒对我们的身体伤害大

青少年是我们祖国未来的接班人

环境问题一直是我国面临的险峻的挑战之一

图1-14 注意广度辅助训练图

3. 注意均衡训练

(1)训练目的:通过训练提升对视觉信息刺激的灵敏度,即眼睛对更加精细信息的把握能力。保持宽度不变,将字号越变越小,将符号和文字的数量越变越多,增加注意的精细度,从而有效提升注意分配的均衡度。注意力广度训练和注意力均衡训练与整体感知训练不同的是不仅要解决整个目标范围全部信息的问题,还要解决辨识清楚全部信息和在大脑中反映全部信息并形成短时记忆的问题,比整体感知训练难度更大,要求更高,可以作为整体感知和实际阅读过程中的过渡台阶使用。

（2）训练方法

① 注意均衡基础训练图的训练方法

直背端坐，双手横向持图1-15，距眼睛30~40cm，保持自然呼吸，力求做到不眨眼睛。一目一行，看清楚并辨识一行中所有的符号，并达到每分钟150个视点的速度要求，从上而下逐行进行阅读。

图1-15　注意均衡基础训练图

② 注意均衡辅助训练图的训练方法

直背端坐，双手横向持图1-16，距眼睛30~40cm，保持自然呼吸，力求做到不眨眼睛。一目一行，看清楚并辨识一行中所有的文字，并达到每分钟150个视点的速度要求，从上到下逐行进行阅读。

从来就没有一个时代，

像今天这样需要我们不断

随时随地且快速高效地学习。那种

依靠在学校时学到的知识就可以应付

一切的时代，已经一去不复返了。全世界

都在争论着这样一个问题：学校到底应该教什么？

图1-16　注意均衡辅助训练图

第五节　全脑速读的复习巩固

在复习巩固学习状态调整训练、速读障碍消除训练、整体感知训练、视读节奏训练、注意力集中训练的前提下，逐步完成由一行文字训练、一小段文字训练、一大段文字训练直至一页文字的训练，真正实现"看得快、记得住"的目标。

一、一行文字的训练

以一目半行或一目一行，每个视点0.4秒的速度看完一句话后马上合书回想，用笔记录，以同样的速度复读检查，并补充记忆，最终达到背记的要求。

- 2022年北京将举办冬奥会。
- 上海是一个国际大都市。
- 最近几天我国将大范围降雪。
- 南京市是全国十大文明城市之一。
- 共享单车是一种健康的出行方式。
- 改革开放以来我国经济持续发展。
- 长江三角洲是我国繁华的经济圈之一。
- 中国高铁向他国展现了我国科技的进步。
- 大学生在就业前就要考虑自己的工作方向。
- 《战狼2》票房能突破50亿是因为它的口碑很好。

二、小段文字的训练

　　以一目半行，每个视点不超过0.4秒，每一小段不超过24秒的速度阅读后马上合书回想，用笔记录重点词语，以同样的速度复读检查，并补充记忆，直至能根据重点词语的提示复述一小段内容为止。

● 人工智能是一门极富挑战性的科学，从事这项工作的人必须懂得计算机知识、心理学和哲学。人工智能是涵盖广泛的科学，它由不同的领域组成，如机器学习、计算机视觉等，总体而言，人工智能研究的一个主要目标是使机器能够胜任一些通常需要人类智能才能完成的复杂工作。2017年12月，人工智能入选"2017年度中国媒体十大流行语"。

● 我们看到星星一闪一闪，这不是因为星星本身的光度出现了变化，而是与大气的遮挡有关。大气隔在我们与星星之间，当星光通过大气层时，会受到大气的密度和厚薄影响。大气不是绝对的透明，它的透明度会根据密度的不同而产生变化。所以我们在地面透过它来看星星，就会看到星星好像在闪动。

● 萤火虫会发光是因为在它们的腹部末端有发光器，发光器内充满许多含磷的发光质及发光酵素，使萤火虫能发出一闪一闪的光。萤火虫发光，除了要照明之外，还有求偶、警戒、诱捕等用途。这也是它们沟通的一种工具，不同种类萤火虫的发光方式、发光频率及颜色也会不同，它们借此来传递不同的信息。

● 望向大海，很多时候会发现海水呈现蓝、绿色。可是，当你把海水捞起时，你却只能看到它像往常的水般，透明无色。原来，海水本身与我们日常所接触到的水没有多大分别，也是透明的。我们所看到的绿色，其实是海水吸收光能量而产生的现象。只有绿光能被海水吸收，从而其他光被反射出来；当海水更深时，绿光也被吸收，海水看上去便成了蓝色。

- 歼10系列飞机的研制成功，实现了从引进、消化吸收、改型研制到独立自主研制的跨越，使中国航空工业的技术水平和制造能力跨上了一个新台阶，同时带动了中国国防工业及其相关产业的发展和进步，极大增强了国防科技工业的整体实力，对巩固国防、维护国家安全和领土完整具有重要意义。

- 中国于2017年5月在北京主办"一带一路"首届国际合作高峰论坛，"一带一路"战略成为各方关注的热门话题。根据商务部数据，中国与"一带一路"沿线国家的进出口总额为6.3万亿元人民币，增长0.6%。中国企业已经在"一带一路"沿线20多个国家建设了56个经贸合作区，累计投资超过185亿美元，为东道国创造了近11亿美元的税收和18万个就业岗位。

三、大段文字的训练

以一目半行，每个视点不超过0.4秒，每大段文字不超过72秒的速度阅读后，马上合书回想，用笔记录，以同样的速度复读检查，并补充记忆，直至能根据重点词语提示复述一大段内容为止。

- 早晚的天空为什么是红色的？早晨和傍晚，在日出和日落前后的天边，时常会出现五彩缤纷的彩霞。朝霞和晚霞的形成都是由于空气对光线的散射作用。当太阳光射入大气层后，遇到大气分子和悬浮在大气中的微粒，就会发生散射。这些大气分子和微粒本身是不会发光的，但由于它们散射了太阳光，使每一个大气分子都形成了一个散射光源。根据瑞利散射定律，太阳光谱中的波长较短的紫、蓝、青等颜色的光最容易散射出来，而波长较长的红、橙、黄等颜色的光透射能力很强。因此，我们看到晴朗的天空总是呈蔚蓝色，而地平线上空的光线只剩波长较长的黄、橙、红光了。这些光线经空气分子和水汽等杂质的散射后，那里的天空就带上了绚丽的色彩。

- 2002年中国科技部将深海载人潜水器研制列为国家高技术研究发展计划（863计划）重大专项，启动"蛟龙号"载人深潜器的自行设计、自主集成研制工作。2009年至2012年，接连取得1000米级、3000米级、5000米级和7000米级海试成功。2012年6月，在马里亚纳海沟创造了下潜7062米的中国载人深潜纪录，同时也是世界同类作业型潜水器最大下潜深度纪录。2014年12月18日，首次赴印度洋下潜。2015年1月14日，在西南印度洋龙旂热液区执行印度洋科考首航段的最后一次下潜，这也是其在这个航段的第9次下潜。2015年3月17日，搭乘"向阳红09"船停靠国家深海基地码头，正式安家青岛。2016年5月22日，成功完成在雅浦海沟的最后一次科学应用下潜，最大下潜深度达6579米。2017年3月8日从国家海洋局获悉，当地时间3月4日和7日"蛟龙号"载人潜水器分别在西北印度洋卧蚕1号热液区和大糖热液区进行了中国大洋38航次第一航段的第3次下潜和第4次下潜。这两次下潜都在调查区域发现了热液喷口并获取了硫化物样品。2017年5月23日，"蛟龙"号完成在世界最深处下潜，潜航员在水下停留近9小时，海底作业时间3小时11分钟，最大下潜深度4811米。

- 天宫一号是中国第一个目标飞行器和空间实验室，于2011年9月29日21时16分3秒在酒泉卫星发射中心发射，飞行器全长10.4米，最大直径3.35米，由实验舱和资源舱构成。它的发射标志着中国迈入中国航天"三步走"战略的第二步第二阶段。2011年11月3日凌晨实现与神舟八号飞船的对接任务。2012年6月18日下午（14时14分）与神舟九号对接成功。天宫一号目标飞行器的设计在轨寿命是2年，在分别与神舟八号、神舟九号和神舟十号飞船进行交会对接后，最终将主动离轨，陨落南太平洋。2016年3月21日中国载人航天工程办公室表示，目前对天宫一号的飞行轨道仍在持续、密切地跟踪监视之中。

- 日食，又叫做日蚀，是月球运动到太阳和地球中间，如果三者正好处在一条直线时，月球就会挡住太阳射向地球的光，月球身后的黑影正好落到地球上，这时发生日食现象。在民间传说中，称此现象为天狗食日。日食只在朔，即月球与太阳呈现合的状态时发生。日食分为日偏食、日全食、日环食、全环食。观测日食时不能直视太阳，否则会造成短暂性失明，严重时甚至会造成永久性失明。2016年天宇将发生两次日食。两次日食分别为3月9日的日全食和9月1日的日环食。北京时间2017年8月22日，日全食扫过美国全境。

四、一页文字的训练

以一目半行，每个视点不超过0.4秒，每篇文章不超过106秒的速度阅读后，马上合书回想，用笔记录重点内容，以同样的速度复读检查，并补充记忆，直至能根据重点内容提示复述原文为止。

黑洞的产生

黑洞的产生过程类似于中子星的产生过程，恒星的核心在自身重量的作用下迅速地收缩，发生强力爆炸。当恒星中所有的物质都变成中子时收缩过程立即停止，被压缩成一个密实的星球。但在黑洞情况下，由于恒星核心的质量大到使收缩过程无休止地进行下去，中子本身在挤压引力自身的吸引下被碾为粉末，剩下来的是一个密度高到难以想象的物质。任何靠近它的物体都会被它吸进去，黑洞就变得像真空吸尘器一样。

通常恒星最初只含氢元素，恒星内部的氢原子时刻相互碰撞，发生裂变、聚变。由于恒星质量很大，裂变与聚变产生的能量与恒星万有引力抗衡，以维持恒星结构的稳定。由于裂变与聚变，氢原子内部结构最终发生改变，破裂并组成新的元素——氦元素。接着，氦原子也参与裂变与聚变，改变结构，生成锂元素。如此类推，按照元素周期表的顺序，会依次有铍元素、硼元素、碳元素、氮元素等生成。直至铁元素生成，该恒星便会坍塌。这是由于铁元素相当稳定不能参与裂变或聚变，而铁元素存在于恒星内部，导致恒星内部不具有足够的能量与质量巨大的恒星的万有引力抗衡，从而引发恒星坍塌，最终形成黑洞。

跟白矮星和中子星一样，黑洞很可能也是由质量大于太阳质量20倍的恒星演化而来的。

当一颗恒星衰老时，它的热核反应已经耗尽了中心的燃料（氢），由中心产生的能量已经不多了。这样，它再也没有足够的力量来承担起外壳巨大的重量。所以在外壳的重压之下，核心开始坍缩，直到最后形成体积小、密度大的星体，重新有能力与压力平衡。

质量小一些的恒星主要演化成白矮星，质量比较大的恒星则有可能形成中子星。而根据科学家的计算，中子星的总质量不能大于三倍太阳的质量。如果超过了这个值，那么将再没有什么力能与自身重力相抗衡了，从而引发另一次大坍缩。

这次，根据科学家的猜想，物质将不可阻挡地向着中心点进军，直至成为一个体积很小、密度趋向很大的。而当它的半径一旦收缩到一定程度（一定小于史瓦西半径），正像我们上面介绍的那样，巨大的引力就使得即使光也无法向外射出，从而切断了恒星与外界的一切联系——"黑洞"诞生了。

高铁时代

1997年4月1日零时中国铁路第一次大提速。首次开行了快速列车和夕发朝至列车78组，特快列车40组，京广、京沪、京哈三大干线最高时速达140公里。全国客车平均时速由1993年初48.1公里提到54.9公里。

1998年10月1日零时第二次大提速，广深快速列车最高时速达200公里，非提速区段快速列车最高120公里。全国铁路平均速度达57Km/h。

2000年10月21日零时第三次大面积提速，提速线路接近一万公里，客车平均时速达到60.3公里。列车7个等级调整为3个。

2001年10月21日零时第四次大面积提速，提速线路增加3000公里，平均速度达到61.6Km/h。

2004年4月18日零时第五次大面积提速，提速线路增加3500公里，增开19对最高时速160公里的直达特快列车，几大干线的部分地段线路基本达到时速200公里的要求即升级为中级快速铁路，引进国外动车组，货车系统大改革，平均速度65.7Km/h，直达特快列车平均速度达到119Km/h，特快列车达到92.8Km/h。在机车方面的主力是，韶山8，韶山9客运电力机车和东风11G内燃机车。韶山8电力机车，是我国高速电力机车的一个代表，1998年6月24日，在京广线创造时速240公里的速度记录；韶山9则是我国电力机车耐力中的佼佼者，曾经一口气23小时不停站，跑完大京广；东风11G内燃机车，是我国高速内燃机车一个代表，曾经以160公里的时速，一口气跑完京沪杭。在客车方面则是25T客车，构造时速210公里，运营时速160公里，满足20小时不停站的需求，主部件200万公里不需更换等优点。

2007年4月18日零时中国铁路第六次大提速，开行时速200公里以上的车组52对，出现了中国品牌的高速列车CRH，形成一批快速客运通道，快速铁路进一步大发展。武九、沪昆、京包、京九、浙赣等铁路速度提升至200公里；京哈、京沪、京广、胶济、秦沈最高时速达250公里。根据国际铁路联盟定义，既有线提速或改造达到时速200~250公里，新建线路达到设计时速250公里，就是高速铁路。快速铁路建设取得九大核心技术突破，为下一步发展高铁提供了条件。2008年8月1日中国开通第一条高铁即京津城际，中国铁路进入高铁时代。

第二章
Chapter Two

高效记忆

第一节　高效记忆的学习价值

记忆对于人类来说非常重要，因此古今中外的许多名人都致力于记忆的研究，并留下了启发后人的感悟。北宋时期的思想家张载指出："不记则思不起。"英国哲学家培根指出："一切知识的获得都是记忆。记忆是一切智力活动的基础。"法国启蒙运动泰斗伏尔泰指出："人，如果没有记忆，就无法发明、创造和联想。"美国著名作家海明威曾经说过："记忆力对于知识和经验的积累起着决定性的作用，许多杰出的成就都是建立在记忆的基础上。"美国著名社会活动家马丁·路德·金曾经说过："我不得不坦诚记忆力的重要性，如果没有良好的记忆能力，我的每次讲演就不会那么成功。"

而在现代，记忆的重要性被更多的人所认识。古今中外，凡是在社会各个领域中有所建树的人，大多具有很强的记忆力。可以说要想成就一番事业，没有良好的记忆力作保证是很难的，尤其处于现今信息大爆炸的年代，要想不被社会淘汰，就得不断学习，正如现在社会所倡导的终身学习一样。而面对那么多需要记忆的东西，若采用古老枯燥、死记硬背的笨方法，很难想象何时才能达到既定的目标，除非有坚强的毅力作保证，否则大多会半途而废。

"工欲善其事，必先利其器。"不掌握科学有效的记忆方法，像老牛拉破车一样，费时费力地学习又怎能跟上信息时代的步伐？

拥有了强大的记忆力，就有了一个满满的智力库，能唤醒我们体内巨大的潜能和力量，并帮助我们取得非凡的成就。许多出色的政治家、军事家、文学家都以其惊人的记忆力，获得了巨大的成功。

【名人语录】

记忆是知识的唯一管库人。

——锡德尼

锻炼记忆力的良好方法是锻炼自己的注意力。

——爱德华兹

一切事情和知识在他头脑里放得像在橱柜的抽屉里一样，只要他打开某个，就能准确地取出所需要的材料。

——拿破仑

第二节　高效记忆的基本认知

一、记忆的加工模式

记忆是人脑对经历过事物的识记、保持、再现或再认，它是进行思维、想象等高级心理活动的基础。从信息加工理论的角度来看，记忆就是对信息的编码、存储和提取的过程。这个过程可以用一个形象的比喻来说明：一个人在一张纸上写上了一些重要的内容（信息编码），然后把它放在文件柜的某个抽屉里（信息存储），将来的某一天他要找到这张纸所写的内容作为演讲素材使用（信息提取）。假如这个人当初把这张纸放入某个抽屉后，又渐渐地往这个抽屉里放入越来越多的纸。那么，几个月后，他想在文件柜里找到当初放入的这张纸可能就不那么容易了。为什么？是这张纸上的内容没有编码吗？是因为这张纸没有存储吗？最可能出现的原因是由于纸张太多无法快速地提取出这张纸。同样的道理，记忆的效果与信息编码及信息存储息息相关，但记忆出问题大部分还是在信息提取阶段。记忆力训练正是通过改进信息编码和存储的方法从而有效地提升信息提取能力。

二、记忆的三种类型

认知心理学按照信息保存时间的长短以及信息的编码、储存和加工方式的不同，把记忆分为感官记忆（又称瞬时记忆）、短时记忆和长时记忆。记忆信息加工模式图（图2-1）很清晰地阐述了它们三者间的关系。

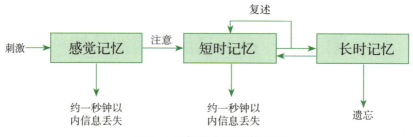

图2-1 记忆信息加工模式图

（一）感官记忆

感官记忆是指个体凭借视、听、味、嗅、触等感觉器官感应到刺激时所引起的瞬时记忆（一般按几分之一秒来计算）。信息保存的时间很短，一般在0.25~2秒。感官记忆的内容只有经过注意才能被意识到，从而进入短时记忆，否则马上就会消失。

1. 感官记忆的编码

记忆编码时并非全部编录,而是有选择的,指的就是感官记忆的编码。感官所选择的信息不是刺激本身引起的,影响感官记忆编码的是个体的主观因素。这也就是为什么一个人在特别专心工作的时候,听不到周围的声音。个体的主观因素中最重要的就是注意力,所以集中注意力是提高记忆力的基础。

2. 感官记忆的存储

感官记忆的存储时间非常短,然而在试验中我们会发现,在视觉刺激后留有暂时的余像,比如卡通动画就是连续静止的画面在我们面前快速运动而产生的。除了余像,声音也会有短时间的余留,然而余音和余像等现象只在一秒内甚至半秒内完成,所以对于提高记忆力没有什么意义。

3. 感官记忆的提取

由于感官记忆瞬间消失导致很难存储信息,所以一般情况下不涉及感官记忆的提取问题。

(二)短时记忆

短时记忆是保持时间大约在1分钟之内的记忆。记忆的广度一般指短时记忆的容量,因为长时记忆的容量无论是记忆的种类还是数量都是无限的。据L.R.彼得逊和M.J.彼得逊的实验研究,在没有复述的情况下,18秒后回忆的正确率就下降到10%左右。如不经复述大约在1分钟之内记忆就会衰退或消失。当我们的注意力集中于刺激感官记忆的信息时,这些信息立刻被我们意识到,这时候就转入了短时记忆。生活中一个常见的短时记忆场景就是我们从电话本里查找到一个之前不熟悉的电话号码,然后凭记忆按下电话号码,可是打完电话你却完全记不起电话号码了。

1. 短时记忆的编码

短时记忆的信息编码以听觉编码为主,也存在视觉编码和语义编码。20世纪60年代以来,有大量实验证明,短时记忆的编码主要是听觉编码,语言刺激在这个阶段更容易获得。

2. 短时记忆的存储

一般的短时记忆只能保持20秒左右,最长不超过一分钟。在这么短的时间内我们能储存多少信息呢?答案是7±2,即5~9个项目,平均为7个项目。这是美国心理学家约翰·米勒在其论文《魔力之七》中证实的结论。这个7是指什么呢?7个数字,还是7个人名,或是7件东西?其实都可以。最重要的是它们之间不要有关联,以免产生联想或推理而影响了短时记忆。

3. 短时记忆的提取

是不是存入了7±2个项目后,我们提取的时候也可以得到这么多数目呢?心理学家们在经过大量的实验后得到的结论是短时记忆储存的信息,在提取的时候需要时间,提取的信息越多,需要的时间越长。

(三)长时记忆

短时记忆经过复习后就会进入长时记忆,但是如果不加复习就会遗忘。长时记忆的保持时间可以是1分钟以上,甚至终生,所以长时记忆也可以叫永久记忆。我们生活中所用的知识就来自长时记忆。比如,要记住information这个单词,如果运用整体记忆,你需要花费很多时间,但是运用短时记忆的7±2规律,将这一单词拆成in、for、ma、tion就非常好记了,这是短时记忆的功效。如果要使记忆保持更长的时间,就要进行多次重复进入长时记忆阶段。

1. 长时记忆的编码

1975年美国心理学家佩沃提出长时记忆中双重编码说,即主张语文信息的处理，以语意码为主；非语文信息的处理，以形码为主。比如，一块手表，我们既可以在脑中形成一个图像，也可以表达为"一种计时工具"。前者是形象的形码，后者为语言的语意码。人们在记忆的时候，语意码和形码是双向并进的，它们既平行又相互联系并且可以互相转换。

信息由短时记忆转为长时记忆，采用什么方式编码，更重要的是由材料本身的性质来决定。比如，你看一篇文章，最终留下的应该是意义而不是图像；相反，看到一个帅气的或漂亮的人，你绝不会用语言记住他（她）的长相，而会以图像的形式记住他（她）的长相。

2.长时记忆的储存

长时记忆的容量极大，这与有效编码是分不开的。长时记忆储存着两种不同的记忆：程序性记忆和陈述性记忆。程序性记忆即对做事方法的记忆，学习者将做事的过程作为一个整体来记忆。更简单地说就是做事先后顺序的记忆。陈述性记忆是指对事实和事件的回忆。陈述性记忆又分为经历性记忆和语意性记忆两种。经历性记忆与个人生活经验相关，是个人生活事实的写照，故又称为"自传式经验"；语意性记忆则表达对周围世界的认识和抽象事物的理解。我们的知识基础大多是语言、文字等语意性经验的表现。虽然我们在研究长时记忆储存的时候将它分类为程序性记忆和陈述性记忆，但在应用中它们是合一的。

3. 长时记忆的提取

长时记忆在保存的过程中会随时间变化而产生量和质的变化。比如原来知识的内容，被扭曲或简单化，变得更合理或是变得更具体、更详细。这些变化会引起记忆提取的困难，因此长时记忆的提取需要一些线索，并且线索中所包含的信息与记忆的内容越匹配越好，就像图书馆里找书需要索引一样。另外，适当的复习可以有效地防止信息随时间变化而被扭曲。

三、记忆的潜能挖掘

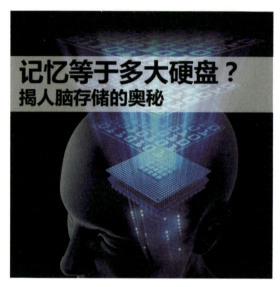

图2-2　人脑记忆存储的潜力

人脑存储记忆信息是肯定不会放在真空中的，那么人类能够存储多少信息呢？如果这些记忆用GB、TB之类的单位衡量，大概等于多大容量的硬盘呢？虽然至今关于大脑容量的研究一直没有被大众所认可的答案，但是我们可以从其记忆原理来估算一下大脑的存储容量。大脑是由神经细胞构成的，神经细胞相互之间通过神经突触相互影响，形成极其复杂的相互联系。记忆就是脑神经细胞之间的相互呼叫作用，其中有些相互呼叫作用维持时间是短暂的，有些则是持久的，而还有一些介于两者之间，这就形成了我们的长时记忆、短期记忆以及被遗忘的一些记忆。但1000亿个神经细胞是否都用来存储呢？其实，这1000亿个神经细胞在人类大脑中并没有全部被用来存储，科学家估算，即使如爱因斯坦这样伟大的科学家，也只使用了自己大脑1/3的功能。大脑更多的细胞是处于"待业"的状态，人类并没有将所有的细胞都充分地利用起来。一般人类的记忆实际应用只相当于大脑的1/10，这也是很多人认为人类的潜力依然巨大的主要依据。2014年3月世界著名科研杂志《自然》（*Nature*）分析指出：小鼠大脑的13个神经细胞结构，用了高达1TB的数据。而一个重约1.4千克的成年人大脑大约有1000亿个神经细胞，据此推算人类大脑的存储容量相当于7.6亿TB的数据。

四、记忆的四个层次

第一层次：潜意识无能。对记忆力根本没有概念。例如：当我们还没有了解某种记忆方法时，会因记忆力差而感到苦恼，不知用何种方法去记住要记忆的信息。

第二层次：意识无能。知道该做哪些改变，但却做不到。例如：当我们听了记忆初级课程时，学到了一点记忆技巧，也知道记忆力可以给生活、学习等带来很多便捷。但自己在运用这些记忆技巧时却很难做到像上记忆初级课时老师展示的那样将一本古书倒背如流。

第三层次：意识胜任。有意识地运用任何超级记忆力技能或练习。比如：学完记忆课程以后，我们会将这些记忆方法运用到我们的学习和生活中。用它去记忆一整本英语单词书，在购物时我们会用记忆方法去记忆购物清单或者自己做一些数字记忆和扑克牌记忆的练习，来训练自己的大脑。

第四层次：潜意识的胜任。自觉地运用这些记忆技能。比如：每天自己都主动地运用这些记忆方法来记自己所需要记忆的信息，对这些记忆方法的步骤越用越熟练。

第三节 高效记忆的训练原理

一、记忆的内容筛选

请按照从上到下、从左到右的顺序将下面的单词阅读一遍。每次只看一个单词，不用任何记忆方法或技巧，也不重复看任何单词。请用10秒钟时间完成练习，目的是测试在规定时间内没有使用任何记忆方法的情况下能够记住多少单词。

现在开始阅读下面的单词：

mother	and	**beautiful**
and	become	and
happy	the	chance
the	map	the
school	book	communication
manage	opportunity	heart
and	and	banana
cup	taxi	the
dance	chance	morning
life	watch	orange
ocean	shoe	smile
chance	**love**	horse

现在请遮盖住刚刚阅读过的单词，并回答下面的问题：

➢ 请尽量写出你能记住的单词，如果可以按顺序写出则更好。

➢ 在第一次出错之前，你记住了单词表开始部分的多少个单词？

➢ 你能记起表中哪些单词不止出现了一次吗？如果能，请写下它们。

➢ 在单词表的最后5个单词中，你记住了几个？

➢ 你记得表中明显不同于其他单词的单词吗？

➢ 你记住了多少位于每列中间的单词？试着写下它们。

在这个练习中，不少学员能回忆起的信息情况如下：

➢ 单词表开始部分的1~7个单词。

➢ 单词表结尾部分的1~2个单词。

➢ 大多数出现不止一次的单词（如and，the和chance）。

➢ 突出的单词（如加粗的life、love和beautiful以及比较长的opportunity和communication）。

为什么会出现以上的情况？结果表明，记忆与理解的工作方式不同，虽然你可能在1分钟内理解了所有单词的意思，但是你却并没有将它们全部记住。下面这幅学习期间的回忆图（图2-3）清晰地反映了学习期间各阶段回忆的总量。研究表明，在学习过程中，人脑主要记忆下述内容：

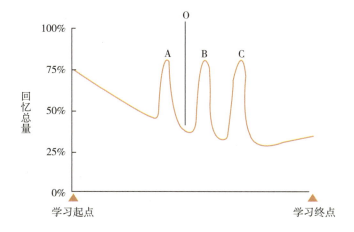

这幅示意图表明，我们回忆得较多的信息位于学习的开始部分和结束部分。对于存在某种联系或关联的事物（A、B、C）以及突出的或独特的事物（O），我们回忆得也较多。

图2-3 学习期间回忆图

（资料来源：东尼·博赞《超级记忆》）

➢ 学习开始阶段的内容。

➢ 学习结束阶段的内容。

➢ 对于容易产生想象和联想、不断重复或与已经存储起来的东西发生联系的内容。

➢ 作为在某些方面非常突出或者独特的东西而被强调的内容。

➢ 对五种感官之一特别有吸引力的内容。

➢ 本人特别感兴趣的内容。

二、记忆的规律节奏

不同间歇下学习期间的规律节奏如图2-4所示。每隔30分钟做短暂的休息，将使回忆出现8个相对的高点，以及高点中间的4个微幅的下降点。但这4个下降点中的任何一个都不及两个小时期间一直不休息回忆下降的幅度大。

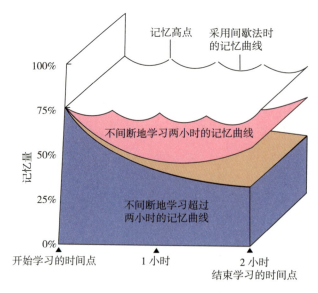

图2-4　不同间歇下学习期间的记忆高点图
（资料来源：东尼·博赞《超级记忆》）

因此，在合理的时间间隔内休息的次数越多，起点和终点就越多，大脑也就能够记忆得越好。同时，短暂的休息可以使得集中注意力学习时高度紧张的肌肉和神经得以放松。

三、记忆的触发要点

记忆的触发要点主要包括以下几个方面，如图2-5所示：

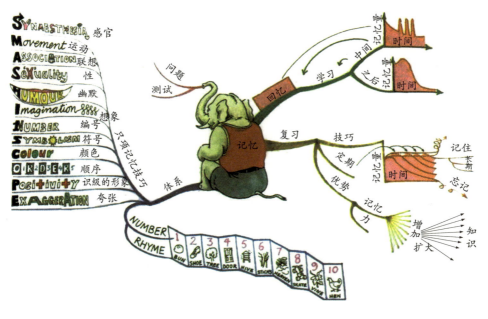

图2-5 记忆触发的要点图
（资料来源：东尼·博赞《超级记忆》）

（一）想象（imagination）

最高效的记忆方法就是将要记的东西想象成一幅幅图片。相对于较纯粹的信息，我们的大脑更容易记住图像和画面。

（二）联想（association）

无论想记忆什么东西，都要确保使它与内心某些稳定不变的东西联系起来。如果基于现实把这些图像与熟悉的东西联系起来，那么信息也就能够轻松记住。

（三）方位（position）

大脑要记住想象和联想的事务，最好给这个记忆寻找一个特殊的地点或方位，借助大脑皮质的功能实现精准记忆。

（四）感官（sensuality）

你所体验、学习和享受的一切都是通过感觉传递给大脑的。这些感觉包括视觉、听觉、嗅觉、味觉、触觉、动觉（对身体及其运动的空间意识）。对各种感官所接收到的信息越敏感，越能够记得好。

（五）运动（movement）

在任何记忆图像中，运动可以极大地增加大脑连接和记住东西的可能性。记忆图像中的节奏及其变化越多，图像就变得越突出，因而也就越容易被记住。

（六）幽默（humor）

给记忆增加点乐趣。你的想象越有趣、越荒谬、越愚蠢、越超现实就越容易被记住。想象是无穷尽的，它可以刺激感官并进而刺激大脑。

（七）编号（number）

数字编号对于记忆有很大的影响力。因为它可以使得思想有序化，并使记忆变得更加具体。

（八）符号（symbolism）

符号是一种利用想象和夸张来固定记忆的浓缩和编码方式。

（九）颜色（colour）

在想象、绘图和笔记中尽可能使用颜色，从而强化视觉，刺激大脑享受视觉体验。

（十）顺序（order）

可以从小到大排序，也可以按照颜色分组，或进行分类和排列等级。

（十一）积极（positivity）

在许多事例中，积极愉快的形象更利于记忆，因为这些形象使得大脑乐于重新回到这些形象中去。

（十二）夸张 exaggeration

所想象事物的大小、形状和声音越夸大，就越容易记住它们。

四、记忆的保持方法

一般来说，信息至少需要重复5次才能转化为长时记忆。图2-6显示了在复习之前、10分钟之后立即复习、24小时后复习、1周后复习、1个月后复习和6个月后复习时能回忆的知识量。可以看出，复习对于记忆具有重大的价值。应该说复习的好处是无穷的，对现有知识体系掌握得越多，能吸收和掌握的新知识也会越多。因为在学习更多的新知识时，学习者会轻易地把它与其他已经记住的原有知识联系起来。具体的复习方法为：

- 学习结束后立即复习一次；
- 1天之后再复习一次；
- 1周之后再复习一次；
- 1个月之后再复习一次；
- 6个月之后再复习一次。

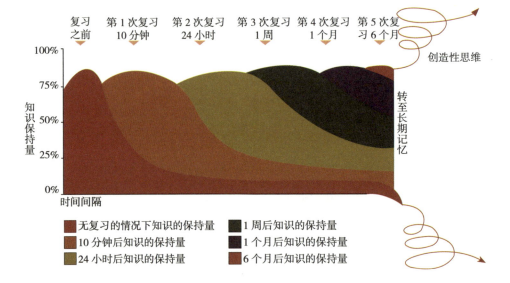

图2-6 不同时间间隔下复习后的知识保持量

（资料来源：东尼·博赞《超级记忆》）

第四节　高效记忆的训练方法

一、分段记忆法训练

（一）训前测试

下面这组电话号码和身份证号码，请你花20秒看一遍，看看能记住多少？

13916402157

342623200709080015

（二）训练方法

首先，将需要记忆的信息拆分为几个有意义的信息段；然后，将分段后的信息有节奏地阅读一遍，通过声音加深记忆；最后，借助美国心理学家约翰·米勒测定出的正常成年人的大脑在20秒内可以记住7±2项信息段的特征记住相关信息。

（三）方法应用

数字系统记忆法应用到测试

记忆电话号码

139-6840-2157

342623-2007-0908-0015

二、谐音记忆法训练

（一）训前测试

测试1

下面这组数字，请你花10秒看一遍，看看能记住多少？

3.1415926535897932384626

测试2

下面这组单词，请你花10秒看一遍，看看能记住多少？

admire 羡慕

amateur 业余的

ambulance 救护车

economy 经济

vacation 休假

（二）训练方法

首先，将需要记忆的信息通过读音相近或相同的方式，把所记内容与已经掌握的内容联系起来；然后，把需要记住的信息进行谐音化处理并进行位置上的相应调整创造出一种意境来记忆。该方法适用于记忆一些篇幅较短的数字、字母及文字信息。

（三）方法应用

谐音记忆法应用到测试1

山巅一寺一壶酒，尔乐苦煞吾，把酒吃，酒杀尔，杀不死，乐而乐。

谐音记忆法应用到测试2

admire 羡慕——额的妈呀

amateur 业余的——矮模特

ambulance 救护车——俺不能死

economy 经济——依靠农民

vacation 休假——我开心

> **趣闻轶事**
>
> 相传有一年春节，一穷人家贴有这样一副春联："二三四五"和"六七八九"，横批是"南北"，其意义为：缺衣（一）少食（十），没有东西。短短一副十个字的对联，把自己的贫苦处境写得淋漓尽致，可见谐音的奇特妙用。

三、口诀记忆法训练

（一）训前测试

测试1

下面这些省份名称，请你花15秒看一遍，看看能记住多少？

湖南，湖北，广东，广西，河南，河北，山东，山西

江苏，江西，浙江，黑龙江，新疆，云南，贵州，福建，吉林，安徽

四川，西藏，宁夏，辽宁，青海，甘肃，陕西

北京，海南，内蒙古，上海，重庆，天津

香港，澳门，台湾

测试2

下面这些内容，请你花15秒看一遍，看看能记住多少？

借贷记账法的记账规则：我们一般把账户区分为资产、负债、所有者权益、成本、损益五大类。资产、成本类账户一般都是借方登记增

加,贷方登记减少;负债、所有者权益账户(二者合并称为权益)一般都是借方登记减少,贷方登记增加;损益类账户则需要区分是费用类还是收入类分别去登记,收入与费用之间的登记也是相反的。

测试3

下面这些内容,请你花15秒看一遍,看看能记住多少?

公司法人担保的限制条件:

数额:公司章程对担保总额及单项担保的数额有限额,不得超过规定的限额。

决议:为股东或实际控制人提供担保,须经股东大会决议;为他人提供担保,须由董事会或股东大会决议。

票数:接受担保的股东或受实际控制人支配的股东不得参加上述规定事项的表决。该项表决由出席会议的其他股东所持表决权的过半数通过。

(二)训练方法

首先,将需要记忆的信息进行重新整合,缩小记忆材料的绝对数量;然后,把记忆材料编成押韵的诗词或句子这样的组块来记忆。该方法适用于记忆一些信息量较大的词组或段落。

(三)方法应用

口诀记忆法应用到测试1

两湖两广两河山

(湖南,湖北,广东,广西,河南,河北,山东,山西)

五江云贵福吉安

(江苏,江西,浙江,黑龙江,新疆,云南,贵州,福建,吉林,安徽)

四西二宁青甘陕

（四川，西藏，宁夏，辽宁，青海，甘肃，陕西）

京城海内上重天

（北京，海南，内蒙古，上海，重庆，天津）

香港澳门和台湾

口诀记忆法应用到测试2

借贷记账法的记账规则：我们一般把账户区分为资产、负债、所有者权益、成本、损益五大类。资产、成本类账户一般都是借方登记增加，贷方登记减少；负债、所有者权益账户（二者合并称为权益）一般都是借方登记减少，贷方登记增加；损益类账户则需要区分是费用类还是收入类去分别登记，收入与费用之间的登记也是相反的。

> **记忆口诀**
>
> 借增贷减是资产，权益和它正相反。成本资产总相同，细细记牢莫弄乱。损益账户要分辨，费用收入不一般。收入增加贷方看，减少借方来结转。

口诀记忆法应用到测试3

公司法人担保的限制条件：

数额：公司章程对担保总额及单项担保的数额有限额，不得超过规定的限额。

决议：为股东或实际控制人提供担保，须经股东大会决议；为他人提供担保，须由董事会或股东大会决议。

票数：该项表决由出席会议的其他股东所持表决权的过半数通过。

> **记忆口诀**
>
> 对外担保股董议，对内担保股东议，出席其他表决半，数额不超章程关。

四、归分记忆法训练

（一）训前测试

测试1

下面这些单词，请你花20秒看一遍，看看能记住多少？

generate forecast foreword mathematics interchange optimism microelement microscope engineer incredible overproduction intercourse anniversary overload physics fragment volunteer headphone microphone idealism annual credit fracture genetics

测试2

下面这些营销组合要素，请你花20秒看一遍，看看能记住多少？

产品（Product）、回报（Rewards）、个性（Individuality）、便利（Convenience）、沟通（Communication）、利益（Interests）、关系（Relationship）、价格（Price）、促销（Promotion）、渠道（Place）、顾客（Consumer）、成本（Cost）、互动（Interaction）、关联（Relevancy）、反应（Reaction）、趣味（Interesting）

（二）训练方法

首先，把我们需要记忆的内容，在透彻理解的基础上进行科学地归纳；然后，将要记忆的信息按照一定的标准进行分类并归为一组，内容要点的顺序可以根据分组的需要进行重新排列，在组数的确定上要考虑各组分配的信息量。心理学家研究表明：每个"组块"应在7±2个为宜；最后，比较各"组块"间的类别差异和组内的信息差异。该方法适用于记忆一些便于分类的单词和文字信息。

（三）方法应用

归分记忆法应用到测试1

前缀： forecast预测 foreword前言 interchange交换 intercourse交往 microelement微量元素 microscope显微镜 overproduction生产过剩 overload负荷

后缀： physics物理 mathematics数学 engineer工程师 volunteer志愿者 headphone耳机 microphone麦克风 optimism乐观主义 idealism唯心主义 anniversary周年纪念 annual每年的

词根： credit信用 incredible难以置信的 fragment碎片 fracture骨折 generate产生 genetics遗传学

归分记忆法应用到测试2

4P：产品（Product）、价格（Price）、促销（Promotion）、渠道（Place）

4C：顾客（Consumer）、成本（Cost）、便利（Convenience）、沟通（Communication）

4R：关联（Relevancy）、反应（Reaction）、关系（Relationship）、回报（Rewards）

4I：趣味（Interesting）、利益（Interests）、互动（Interaction）、个性（Individuality）

> **英语单词的前缀、后缀和词根**
>
> 英语单词构成有其规律，掌握单词的构词规律，就可以更高效率地记忆单词。一个英语单词可以分为三个部分：前缀（prefix），词根（stem）及后缀（suffix）。英语单词的核心在于词根，单词的意义主要是由组成单词的词根体现出来的。词根可以单独构成词，也可以彼此组合成词。前缀和后缀分别改变单词的意义和词性。

五、精选记忆法训练

（一）训前测试

下面这些内容，请你花20秒看一遍，看看能记住多少？

简述矛盾普遍性与特殊性的关系原理。

1. 内容

（1）矛盾的普遍性和特殊性是辩证统一、相互联系的。（2）普遍性寓于特殊性之中，并通过特殊性表现出来，没有特殊性就没有普遍性。特殊性也离不开普遍性，不包含普遍性的特殊性也是没有的。（3）二者又是可以相互转化。在这个场合为普遍性的东西，到另一场合则可能变为特殊性。

2. 方法论

（1）正确认识事物，遵循从特殊到普遍，再由普遍到特殊的顺序。（2）学会科学的工作方法，要坚持一般号召和个别指导相结合，"从群众中来，到群众中去""解剖麻雀""抓好典型"等工作方法。（3）这一原理也是马克思主义同各国革命和建设的具体实践相结合原则的哲学基础，也是我们建设中国特色社会主义的重要哲学依据。即我们想问题、办事情要把矛盾普遍性与特殊性结合起来。

（二）训练方法

首先，对量多繁杂的记忆信息进行筛选（挑选最重要的、最核心的、最关键的文字，把那些辅助性的、次要的、可有可无的、非本质的文字省略）和提炼（将其浓缩成极少量的精华），然后将记忆信息中的一些拗口或啰嗦的表述转换成自己喜欢的方式。

（三）方法应用

精选记忆法应用到测试

简述矛盾普遍性与特殊性的关系原理

（1）内容：①二者是辩证统一、相互联系的。②普遍性寓于特殊性，并通过特殊性表现出来，无特殊性就无普遍性；特殊性离不开普遍性，没有不含普遍性的事物，无普遍性也无特殊性。③二者可相互转化。

（2）方法论：①正确认识事物，遵循从特殊性到普遍性，再由普遍性到特殊性的顺序。②学会工作方法，坚持一般号召和个别指导结合，"从群众中来，到群众中去"。③该原理是建设中国特殊性色社会主义的重要哲学依据。因此，我们在想问题、办事情时要把二者结合。

趣闻故事

读书不能贪多图快

宋朝有个读书人叫陈正之，他看书看得特别快。每得到一本书，他就赶紧读，一目十行，囫囵吞枣。他读了一本又一本，花费了很多时间和精力，可是效果却很差，读过的书像过眼烟云，很快就忘记了，几乎没有留下一点印象。这使他十分苦恼，疑心自己是不是记忆力不好。

有一天，他遇到了当时的著名学者朱熹，便向朱熹请教。朱熹询问了他的读书过程以后，给他一番忠告：以后读书不要只图快，哪怕每次只读五十字，重复读上多遍，也比这样一味追求读得快效果好，读的时候要用脑子想、用心记。陈正之这才明白，他读过的书之所以记不住，不是因为他的记性不好，而是学习目的不明确，方法不正确，他把读书多当成了读书的目的，忽视了对书籍内容的理解和记忆。这样匆忙草率地读书，既消化不了书中的内容，又没有有意识地进行记忆，他的记忆效果自然不好。

后来，陈正之接受了朱熹的劝告，每读完一部分，就想想这部分讲了些什么，有几个要点，并且留心把重要的内容记住。经过日积月累，他终于成了一个有学识的人。

学习好的人，记忆力强的人，往往善于抓住重点，抓住精髓，善于组织材料。华罗庚在这方面深有体会，他说："书要越念越薄。"一节课里往往有价值的内容只有几分钟或十几分钟。一篇文章的精华也不过几句或十几句话，一本书的精华也不过几个或十几个段落。尽管人的记忆潜力非常巨大，然而人的时间和精力却是有限的。利用有限的时间和精力，记住那些知识海洋中极为有用的内容，这才是我们要达到的学习目标。

六、联想记忆法训练

（一）训前测试

下面这些词组，请你花20秒看一遍，看看能记住多少？

奔跑吧兄弟、美团网、海信、沙县小吃、大润发、苏宁易购、奥利奥、饿了么、滴滴打车、中国好声音、莫斯利安、爸爸去哪儿

（二）训练方法

首先，对所要记忆的信息进行分析；其次，编制出一个情境或故事，将这些信息串起来。

（三）方法应用

联想记忆法应用到测试

侄子不知道，我劝他不要急，并打开刚刚从**苏宁易购**买回来的**海信**电视，准备跟他一起看**中国好声音**，可他非要看**奔跑吧兄弟**。过了一

会,我问他**饿了么**,他说饿了。我就准备给他在**美团网**上订**沙县小吃**。可他却说让我现在通过**滴滴打车**去**大润发**帮他买一包**奥利奥**饼干和一箱**莫斯利安**牛奶。

七、数字记忆法训练

(一)训前测试

请你花20秒看一遍下面的历史事件,看看能记住多少信息?
1964年10月16日,中国第一颗原子弹爆炸成功。

(二)训练方法

1.分组记忆的操作步骤:首先,将数字根据宽度或含义拆分成若干组,再分别进行记忆。

2.数音系统记忆法的操作步骤:首先,将0~110这110个数字进行编码,即根据汉字的"音、形、义"转变为词语甚至图像,具体如表2-1所示。然后,按照顺序、倒序和随机次序将数字和词语进行反复地切换训练,直至一提到某个数字,头脑中会迅速产生相应的词语和图像;最后,将需要记忆的一组数字转换为图像并通过想象和联想,将其编成一个情境或故事加以记忆。

表2-1 数字编码表

数字	编码	数字	编码	数字	编码	数字	编码	数字	编码
1	铅笔	2	鸭子	3	耳朵	4	红旗	5	钩子
6	口哨	7	镰刀	8	葫芦	9	勺子	10	棒球
11	筷子	12	婴儿	13	医生	14	钥匙	15	鹦鹉
16	石榴	17	仪器	18	罗汉	19	药酒	20	香烟
21	鳄鱼	22	双胞胎	23	耳塞	24	闹钟	25	二胡
26	二流子	27	耳机	28	恶霸	29	阿胶	30	森林

续表

数字	编码	数字	编码	数字	编码	数字	编码	数字	编码
31	鲨鱼	32	扇儿	33	杉杉	34	绅士	35	珊瑚
36	三鹿	37	山鸡	38	妇女	39	胃药	40	司令
41	司仪	42	食饵	43	石山	44	石狮	45	食物
46	饲料	47	司机	48	石板	49	狮鹫	50	武林
51	武艺	52	幸运52	53	武松	54	武士	55	呜呜
56	蜗牛	57	武器	58	网吧	59	五角星	60	榴莲
61	儿童节	62	驴儿	63	硫酸	64	律师	65	礼物
66	溜溜球	67	油漆	68	喇叭	69	太极	70	麒麟
71	奇异果	72	企鹅	73	青山	74	骑士	75	西服
76	气流	77	七七事变	78	青蛙	79	气球	80	巴黎
81	白蚁	82	靶儿	83	爬山	84	巴士	85	宝物
86	八路	87	白旗	88	爸爸	89	白酒	90	精灵
91	球衣	92	球儿	93	救生圈	94	教师	95	酒壶
96	酒楼	97	香港	98	酒吧	99	舅舅	100	满分
101	眼镜	102	灵异	103	铃儿	104	灵山	105	零食
106	领舞	107	羚牛	108	灵气	109	泥巴	110	菱角

（三）方法应用

数字系统记忆法应用到测试

1964年10月16日，中国第一颗原子弹爆炸成功。

第一步：数字划分

19-64-10-16，中国第一颗原子弹爆炸成功。

第二步：数字转换

药酒–律师–棒球–石榴

第三步，想象联想

喝了药酒的律师正打着棒球吃着石榴，中国第一颗原子弹就爆炸成功了。

八、图表记忆法训练

（一）训前测试

测试1

下面这些信息，请你花20秒看一遍，看看能记住多少？

三皇五帝、夏、商、周【西周、东周（春秋、战国）】、秦、汉（西汉、东汉）、三国时期（魏、蜀、吴）、晋（西晋、东晋）、南北朝【南朝（宋、齐、梁、陈）、北朝（北魏、东魏、西魏、北齐、北周）】、隋、唐、五代（后梁、后唐、后晋、后汉、后周）、十国（前蜀、后蜀、吴、南唐、吴越、闽、楚、南汉、南平、北汉）、宋（北宋、南宋）、辽、西夏、金、元、明、清、中华民国、中华人民共和国。

测试2

下面这些信息，请你花20秒看一遍，看看能记住多少？

需求的价格弹性的5种情况

$$E=\frac{\Delta Q}{\Delta P}\cdot\frac{P}{Q}\Rightarrow\frac{dQ}{dP}\cdot\frac{P}{Q}$$

需求价格弹性指需求量对价格变动的反应程度，是需求量变化的百分比除以价格变化的百分比。其中：$\frac{dQ}{dP}$ 为需求量在价格为 P 时的变动率

$$\begin{cases}当E=0时，需求完全无弹性（垂直于横轴）\\ 当0<E<1时，需求缺乏弹性（比较陡峭）\\ 当E=1时，需求具有单位弹性\\ 当1<E<\infty时，需求富有弹性（比较平坦）\\ 当E=\infty时，需求完全弹性（平行于横轴）\end{cases}$$

（二）训练方法

首先，将需要记忆的信息进行梳理提炼并制作成表格或图形；然后，根据所需要记忆信息的特点对其进行颜色、形状和大小的处理将其突显出来；最后，通过记忆一张表格或一幅图片的形式来替代大量的纯文字形式，真正达到一图胜过千言万语的效果。

（三）方法应用

图表记忆法应用到测试1

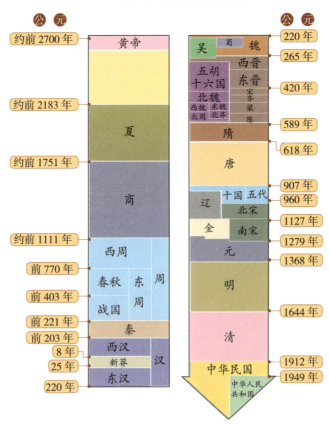

图2-7　中国历史朝代演进图

图表记忆法应用到测试2

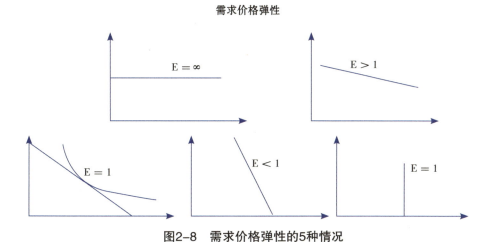

图2-8　需求价格弹性的5种情况

第五节　高效记忆的复习巩固

一、分段记忆法

下面这组电话号码和身份证号码，请你花20秒看一遍，看看能记住多少？

13025769821

340103199802150026

分段记忆法应用参考

130-2576-9821

340103-1998-0215-0026

二、谐音记忆法

（一）下面这组"四书五经"的名称，请你花5秒看一遍，看看能记住多少？

《孟子》《论语》《大学》《中庸》统称为"四书"，《诗》《礼》《春秋》《易》《书》统称为"五经"。

谐音记忆法应用参考

四叔（书）猛（《孟子》）抢（《论语》）大（《大学》）钟（《中庸》），五经寺（《诗》）里（《礼》）存（《春秋》）遗（《易》）书（《书》）。

（二）下面这组"八国集团"的名称，请你花5秒看一遍，看看能记住多少？

八国集团（Group of Eight）：美国、英国、德国、法国、日本、意大利、加拿大、俄罗斯

谐音记忆法应用参考

解决饿的法子（俄德法），每（美）日（日）加（加）一（意）只鹰（英）。

三、口诀记忆法

（一）下面这些内容，请你花60秒看一遍，看看能记住多少？

财政政策和货币政策是国家宏观经济调控的两大基本政策手段。二者主要是通过实施扩张性或收缩性政策，来调整社会总供给和总需求之间的关系。当经济萧条的时候，政府应该采取积极的财政政策（增加政

府支出和减少税收以刺激总需求），反之亦然。当经济萧条的时候，政府应该采取扩张性的货币政策（调低法定准备金率、降低再贴现率和在公开市场上买进政府债券以扩大货币供给量）。

口诀记忆法应用参考

经济两时期，政策有两种。繁荣和萧条，财政和货币。财政有两个，税收和支出。货币有三种，两率一业务。具体怎么用，口诀记清楚。经济萧条时，积极又扩张，减税加支出，两降购业务；经济繁荣时，紧缩降温度。增收加减支，两提一卖出。

（二）下面这些内容，请你花20秒看一遍，看看能记住多少？

富强、民主、文明、和谐

自由、平等、公正、法治

爱国、敬业、诚信、友善

口诀记忆法应用参考

富强民主国家好，文明和谐展新貌，

自由平等大家庭，公正法治不可少。

爱国敬业建奇功，诚信友善人欢笑，

社会主义价值观，努力实践莫忘掉。

四、归分记忆法

（一）下面这些内容，请你花15秒看一遍，看看能记住多少？

鹦鹉、冰箱、毛衣、彩电

杏仁、鲨鱼、空调、核桃

羚羊、猎豹、帽子、红枣

皮鞋、松子、围巾、电脑

> 归分记忆法应用参考

动物类——鹦鹉、鲨鱼、羚羊、猎豹

穿戴类——毛衣、帽子、皮鞋、围巾

家电类——冰箱、彩电、空调、电脑

干果类——核桃、杏仁、红枣、松子

（二）下面这些内容，请你花60秒看一遍，看看能记住多少？

正山小种、大红袍、庐山云雾、君山银针、祁门红茶、白毫银针、黄山毛峰、六安瓜片、西湖龙井、普洱茶、洞庭碧螺春、霍山黄芽、安溪铁观音、安吉白茶、广西六堡茶、武夷岩茶

> 归分记忆法应用参考

绿茶类：黄山毛峰、六安瓜片、西湖龙井、洞庭碧螺春、庐山云雾

黄茶类：君山银针、霍山黄芽

白茶类：白毫银针、安吉白茶

青茶类：安溪铁观音、大红袍、武夷岩茶

红茶类：正山小种、祁门红茶

黑茶类：云南普洱茶、广西六堡茶

五、精选记忆法

下面这些内容，请你花20秒看一遍，看看能记住多少？

试述相机抉择的财政政策及其手段的运用策略。

答：相机抉择的财政政策指政府根据经济运行的状况逆经济风向采取的变动财政收入水平的政策。当经济处于繁荣状态时，总支出大于总收入，通货膨胀率过高。此时，政府应该采取紧缩性的财政政策，压缩财政支出，增加财政收入，从而抑制和降低总需求。反之，当经济处于

萧条状态时，总支出小于总收入，通货紧缩严重。政府应该采取扩张性的财政政策，增加财政支出，减少财政收入，从而刺激和增高总需求。政府调整财政收支的手段主要有三个：（1）改变政府购买水平：在经济萧条时，政府须扩大对商品和劳务的购买，以便创造更多的就业机会；在经济繁荣时，政府须减少对商品和劳务的购买，防止出现通货膨胀。（2）改变政府的转移支付：当经济萧条时，政府可以提高对退伍军人、失业人员和退休人员的各种补助，扩大总需求；在经济繁荣时，政府应该减少转移支付，抑制总需求。（3）调整税率：当经济萧条时，政府应减少税种或降低税率，以便刺激需求；当经济繁荣时，政府应增加税种或提高税率，抑制总需求。实践中，改变政府购买水平、改变政府转移支付和调整税率这三种手段往往搭配使用。

精选记忆法应用参考

试述相机抉择的财政政策及其手段的运用策略。

答：指逆经济风向采取的变动财政收入水平的政策。当经济处于繁荣状态时，总支出大于总收入，通货膨胀率过高，应该采取紧缩性的财政政策，抑制和降低总需求，反之亦然。政府调整财政收支的手段有三个，以经济萧条的情况为例：（1）改变政府购买水平：扩大对商品和劳务的购买，以便创造更多的就业机会，反之亦然。（2）改变政府的转移支付：提高对退伍军人、失业人员和退休人员的补助，扩大总需求，反之亦然。（3）调整税率：减少税种或降低税率，刺激需求，反之亦然。实践中，这三种手段往往搭配使用。

六、联想记忆法

按顺序记忆下面这些词组，请你花20秒看一遍，看看能记住多少？
阿里巴巴与四十大盗、小二黑结婚、哲学、闭月羞花、枯燥、商务通、高楼大厦、山珍海味、心安理得。

联想记忆法应用参考

电影《阿里巴巴与四十大盗》是小二黑结婚那天晚上播放的，酷爱哲学的小二黑却不管身边闭月羞花般的妻子，独自又看上了书。妻子说："读这些枯燥的书有什么用，不如商务通能赚钱。"小二黑大叫："我虽住不了高楼大厦，吃不上山珍海味，但比起那些赚昧心钱的商人，我活得心安理得。"

七、数字记忆法

请你花20秒看一遍下面的历史事件，看看能记住多少信息？

1872年4月30日，中国第一张近代报纸《申报》在上海创刊。

数音系统记忆法应用参考

第一步：数字划分

18-72-4-30，中国第一张近代报纸《申报》在上海创刊。

第二步：数字转换

罗汉-企鹅-红旗-森林

第三步，想象联想

罗汉刚刚抱着企鹅把红旗插到了森林里，中国第一张近代报纸《申报》就在上海创刊了。

八、图表记忆法

下面这些信息，请你花60秒看一遍，看看能记住多少？

十二时辰养生要诀：

子时（23点-1点/胆经当令）宜睡觉；

丑时（1点-3点/肝经当令）宜熟睡；

寅时（3点-5点/肺经当令）宜深睡或引吐肺浊；

卯时（5点-7点/大肠经当令）宜起床喝温热开水，排便；

辰时（7点-9点/胃经当令）吃丰富早餐；

巳时（9点-11点/脾经当令）要适量喝水和间中活动，忌久坐不动；

午时（11点-13点/心经当令）宜吃午餐和小憩20-30分钟养心；

未时（13点-15点/小肠经当令）消化吸收功能最旺盛，宜喝温水护血管；

申时（15点-17点/膀胱经当令）宜喝水或吃水果，及时排尿；

酉时（17点-19点/肾经当令）工作完毕多休息，晚饭不宜过腻过饱；

戌时（19点-21点/心包经当令）宜放松保持心情愉快；

亥时（21点-23点/三焦经当令）睡眠以休身养性，忌生气和饮茶。

图表记忆法应用参考

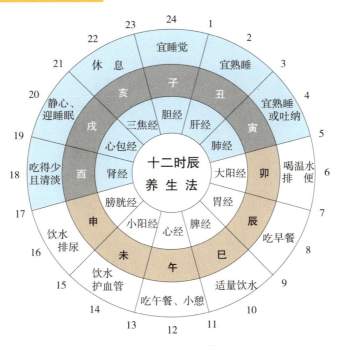

图2-9 十二时辰养生法

第三章
Chapter Three

思维导图

第一节 思维导图的学习价值

思维导图被誉为开启大脑的瑞士军刀。东尼·博赞开发的"思维导图"系列图书自出版以来已被译成35种语言，风靡200多个国家，畅销全球30多年，影响全球3亿多人的学习、工作、生活，已经成为世界500强企业主管极力推荐并使用的思维训练工具。一些知名院校、跨国集团等，都在教授和使用思维导图，以这一工具来训练人们的高级思维方式，开发拓展大脑无穷潜力，提升个人、组织甚至整个社会的效率。

目前，剑桥大学、牛津大学、哈佛大学、斯坦福大学等世界名校聘请东尼·博赞为客座教授，讲授思维导图的实际应用；微软、IBM、甲骨文、迪士尼、通用汽车、强生、3M、摩根大通、汇丰、高盛、中国石油、一汽大众、李宁等知名企业，正在使用东尼·博赞的学习方法，并将思维导图加入到员工的培训之中。

随着人们用思维导图来帮助自己创造性地组织、计划以及思考，它也越来越受到商业、教育及个人的欢迎。它不仅能将众多知识和想法连接起来，有效地加以分析，而且能够最大限度地实现创新。思维导图不仅在个人目标设定中被使用，在其他领域应用更加广泛，比如策略开发、项目管理、成果评估、团队合作、人生管理等。它的优势之处就在于，能够将你安排在一张视觉思维导图里的所有信息有效合并起来，创造出无数的组织方式，你可以按照个人偏好和具体目的进行个性化操作。总之，思维导图是帮助个人及企业发展的无价之宝。

第三章　思维导图

【名人语录】

　　思维导图能够将众多的知识和想法连接起来，并有效地加以分析，从而有限度地实现创新。

——比尔·盖茨

　　东尼·博赞的《思维导图》对大脑的开发贡献，就同斯蒂芬·霍金的《时间简史》对理解整个宇宙所做出的贡献一样伟大。

——《泰晤士报》

　　我运用了《超级记忆》中的法则和技巧才赢得世界记忆锦标赛冠军。活用此书将会极大提升你的记忆能力，增强思考和想象力并最终创造人生！

——多米尼克·奥布莱恩（八届世界记忆锦标赛冠军）

第二节　思维导图的基本认知

一、思维导图

　　思维导图是表达发散性思维的有效图形工具。它运用图文并重的形式，把各级主题的关系用相互隶属的层级图表现出来，把关键词与图像、颜色等建立特定的记忆链接。它充分运用左右脑的机能，利用记忆、阅读、思维的规律，协助人们在科学与艺术、逻辑与想象之间平衡发展，从而开启人类大脑的无限潜能。

发散性思维指的是根据一个中心点而展开联想的过程，而思维导图则是用图表表现的发散性思维。发散性思维体现了大脑内部结构和程序，思维导图是它的外在表现。发散性思维过程也就是大脑思考和产生想法的过程。通过捕捉和表达发散性思维，思维导图将大脑内部的过程进行了外部呈现。本质上，思维导图是在重复和模仿发散性思维，这反过来又放大了大脑的本能，让大脑更强大有力。

二、思维导图的核心要素

（一）放射性思考

放射性思考是人类大脑的自然思考方式，每一种进入大脑的资料，不论是感觉、记忆或是想法，包括文字、数字、符码、香气、食物、线条、颜色、意象、节奏、音符等，都可以成为一个思考中心，并由此中心向外发散出成千上万的关节点，每一个关节点代表与中心主题的一个连结，而每一个连结又可以成为另一个中心主题，再向外发散出成千上万的关节点，呈现出发散性的立体结构。一方面，放射性思考包括水平思考与垂直思考。其中，水平思考就像电路原理中的"并联"，它的作用在于可以无限地激发创造力来扩充思考的广度；而垂直思考就像电路原理中的"串联"，它的作用是可以增进思维的深度，强化对某一问题的分析和推理。

另一方面，放射性思考可以分为主题、大纲、内容和连结四个部分。思维导图的整体性是透过"树状结构"与"网状脉络"体现出来的。其中，树状结构一般可以分为主题、大纲和内容三个层次，其阶层的关系主要分为分类关系、因果关系和联想关系。而网状脉络即所谓的连结，我们可以用单箭头或双箭头的线条指出不同节点关键词之间的连结关系，也可以在线条上用文字来说明两者之间的关联性。

1. 分类关系

下列基本分类概念组已经被证明在孕育真正的思维导图中效用明显：

本质：怎么样、什么时候、什么地方、为什么、是什么、是谁、哪一个

部分：主题、章、节

结构：事物的外形

性质：事物的特性

功能：事物的功效作用

历史：事情发生的时间顺序

过程：事情是怎样发展的

人物：人物的角色

2. 因果关系

思维导图中一般运用树状结构来展示原因和结果的关系。例如在问题解决时，最高阶是分析造成该问题的原因，下一阶的分析可能有哪些解决该问题的方案，再下一阶则是每一种方案怎样去实施。

3. 联想关系

思维导图中一般运用联想关系进行记忆和创新。常见的联想关系有：①接近联想，就是指在时间上和空间上相互接近的事物之间形成的联想。例如：提到赤壁之战就很容易联想到诸葛亮、周瑜和曹操；提到澳大利亚就会想到袋鼠。②相似联想，指由某一事物或现象想到与它相似的其他事物或现象，进而产生某种新设想。例如：中国地图和公鸡，雷达和蝙蝠。③对比联想，由相反事物的一方想到另一方。例如：成功和失败、骄傲和谦虚。④因果联想，从原因想结果或从结果想原因。例如：一个人感冒了容易联想到是天气变冷或衣服穿少所致；一个企业破产容易让人联想到经营不善或资金流断裂。

（二）关键词

关键词的含义不仅指重要，还表明其是记忆的关键。关键词是刺激大脑的重要的激发器，它是挑选出来的特殊词语，是你希望记住的重要事物的参考点。关键词在使用时需要注意以下几个方面的问题：

1. 词性

以名词为主，动词次之，辅以必要的形容词、副词或介词等。精简关键词的判断原则是：如果删除的词语不会影响我们对内容的理解，就可以省略这个词语；反之，如果删除这个词语会对内容产生误解，就需要保留这个词语。

2. 数目

一般每一个线条上只注明一个关键词，只有当出现一些专有名词或特殊概念时，才允许一个线条上存在两个或两个以上的关键词。同时，关键词的字数一般为2~5个，不宜过多。

3. 颜色

手绘时，一般关键词的颜色与线条保持一致；用计算机软件绘制时，为避免屏幕上出现不易阅读的彩色字，也可使用黑色字。

4. 大小

一般而言，位阶越高的字号越大并加粗，在视觉上凸显上位阶的主题、概念或类别。

（三）色彩

1. 尽可能使用彩色文字、线条、图像或符号，活络主干及支干上的概念。

2. 要用三种以上颜色绘制彩色图像。

3. 线条与关键词色彩可依个人感受选择，但由于人类对颜色有某些共同认识,知道颜色的基本规则,有助于对色彩感受的掌握。这里我们可以借鉴六项思考帽中的六种颜色来进行色彩的选择,如图3-1所示。

图3-1　六项思考帽法运用色彩代表不同含义

(四)关键图像

词语刺激的是大脑的左半球,但词语自身的作用并不大,只有当你花时间把词语转化为图像后,词语才能发挥强大的作用。关键图像正是通过刺激大脑的两个半球特别是右半球,并同时调动你的各种感觉器官来发挥作用。关键图像在使用时需要注意以下几个方面的问题:

1. 位置

在特别重要或关键概念的附近加上图像,实显重点;不要随意乱加插图。

2. 代表

添加的图像必须能代表或使人联想到重点内容的含义,有助于激发创意,强化对内容的记忆。

3. 美观

尽可能选择卡通模式绘制关键图像,并保持美观整洁。如果前期图像绘制得不够美观也要坚持,千万不要因为绘制得不好看就放弃。

下面的例子可以突出关键词和关键图像的区别。

关键词：节约

关键图像：

图3-2 用关键图像表示出的"节约"

关键图像充分表达了节约用电、节约用水、节约用纸和节约粮食四个方面的内容。关键图像可以比关键词取得更加生动形象的表达效果。

三、思维导图渐进提升的3A原则

东尼·博赞在《思维导图》一书中，将思维导图渐进提升的原则概括为"3A原则"，具体而言，包括以下三个方面。

（一）Accept（接受）

第一阶段。撇开对自己大脑的种种成见，严格按照思维导图的规则，模仿给定的范式。

（二）Apply（应用）

第二阶段。加强训练，建议最少画100幅思维导图，运用思维导图的全部规则和建议，建立自己的思维导图风格，并逐渐开始在记笔记等方面尝试不同类型的思维导图，直到它成为你组织思想极自然的方式。

（三）Adapt（改编）

第三阶段。不断地发展自己的思维导图技能。绘制过几百幅纯正的思维导图以后，就到了开发自己思维导图创造力的时候了。

第三节　思维导图的训练原理

一、思维的集中和发散

我们的思维不仅需要发散，也需要集中。集中思维与发散思维是一种辩证关系，既有区别又有联系，既对立又统一。没有集中思维的精心加工，发散思维的结果再多，也不能形成有意义的创新结果；反之，没有发散思维的天马行空，集中思维就没有了加工对象，无从进行。只有两者协同发展，交替运用，一个创新过程才能圆满完成。当我们使用思维导图时，实际上是在自动地运用分合之道，让复杂的事情变得简单，把简单的事情梳理得更流畅、更形象。

二、左右脑分工协作理论

美国生物心理学家斯佩里博士通过著名的割裂脑实验，证实了大脑不对称性的"左右脑分工理论"，因此荣获1981年诺贝尔生理学或医学奖。

正常人的大脑有两个半球，由胼胝体连接，从而构成一个完整的统一体。正常情况下，大脑是作为一个整体来工作的，来自外界的信息，经胼胝体传递，左、右两个半球的信息可在瞬间进行交流，人的每种活动都是两个半球进行信息交换和综合分析的结果。大脑两个半球在机能上也有分工，左半球感受并控制右边的身体，右半球感受并控制左边的身体。

左半脑主要负责逻辑理解、记忆、时间、语言、判断、排列、分类、分析、书写、推理、抑制、五感（视、听、嗅、触、味觉）等，思维方式具有连续性、延续性和分析性，因此左脑可以称作"意识脑""学术脑""语言脑"。右半脑主要负责空间形象记忆、直觉、情感、身体协调、知觉、美术、音乐节奏、想象、灵感、顿悟等，思维方式具有无序性、跳跃性、直觉性等。

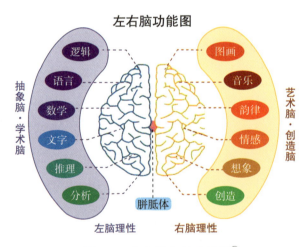

图3-3　左右脑分工功能图[①]

斯佩里认为右脑具有图像化机能，如企划力、创造力、想象力等；与宇宙共振共鸣机能，如第六感、透视力、直觉力、灵感、梦境等；超高速自动演算机能，如心算、数学；超高速大量记忆，如速读、记忆力。右脑像万能博士，善于找出多种解决问题的办法，许多高级思维功能取决于右脑。把右脑潜力充分挖掘出来，才能表现出人类无穷的创造

[①] 本图根据美国加州大学医学博士斯佩里教授的"左右脑分工"论文理论绘制。

才能。所以右脑又可以称作"本能脑""潜意识脑""创造脑""音乐脑""艺术脑"。右脑的神奇功能征服了全世界，斯佩里为全人类做出了卓越的贡献，受到全世界人民的爱戴，被誉为"右脑先生""世界右脑开发第一人"，斯佩里的研究成果是人类大脑科学研究领域的里程碑。

第四节　思维导图的专项训练

一、思维导图基础训练之左右脑冲突训练

（一）训练目的

训练自己在接收信息时使用右脑思维的习惯，并通过反复训练，化解左右脑在处理信息时的冲突。

（二）训练方法

直背端坐，双手纵向持图3-4，距眼睛30~40cm，保持自然呼吸，力求做到不眨眼睛。在注意力集中的前提下，自上而下，自左向右依次说出颜色而不是单词；逐渐提高阅读的速度，提升右脑处理信息的效率。

图3-4　左右脑思维冲突训练

二、思维导图基础训练之词汇联想训练

（一）训练目的

训练自己通过关键词汇进行发散性思维，并积极通过联想快速获取大量相关信息的能力，为思维导图的综合应用打好基础。

（二）训练方法

用白纸和中性笔完成下列练习。这是一个随机分配给你的任务——你的大脑必须做好准备，以面对无数有可能被选中的名词。首先，你要从大脑这个巨大的数据库中搜寻一条信息。你事先没有时间考虑。需要你搜寻的这条信息是一个词汇，现在请先思考以下几个问题：

- 你能够搜寻到这个词汇吗？
- 你大概花了多长时间搜寻到这个词的？
- 你搜寻到了哪些信息？
- 它有颜色吗，是什么颜色？
- 当你在大脑中搜寻到这个词的时候有没有产生联想？如果有，是什么？

结果分析：

- 能，可以搜索到这条信息。
- 几乎瞬间完成。
- 图形或图片（水果、人物、手机或电脑）。
- 有（红色或绿色的）。
- 有，各式各样（苹果树、乔布斯、手机）。

大部分人在训练前都认为大脑是用语言思考的。然而，事实上我们却能够瞬间搜寻到随机分配到的词汇。例如，我们被分配到的词汇是

"苹果"。苹果的意象瞬间出现，那么在大脑决定搜寻它之前，这个意象在哪儿？颜色又存储在哪儿？所有的联想又储存在哪儿？其实意象早就存储在你的大脑里，你需要的仅仅是调动它。也就是说，人类其实更擅长的是以图像而非词汇的形式进行思考。例如，图3-5就是依据"苹果"这个词所做的联想训练。

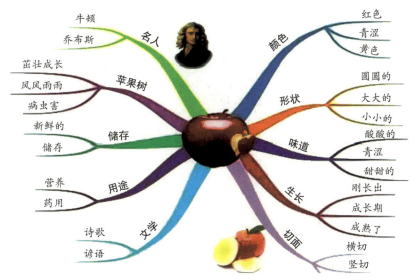

图3-5 依据"苹果"这个词的词汇联想训练

三、思维导图基础训练之画图训练

（一）训练目的：训练自己根据给定的关键词汇，借助想象和联想，运用不同颜色和形状画出相关图像的能力。

（二）训练方法：用一张大白纸和一些水彩笔完成下面的练习。提到"思维导图"这个词，把你能够想到的内容画出来。先画出4~8个粗枝干，用不同的颜色把它们区分开来，并给每一个枝干画上与思维导图相关的内容。随着练习的深入，你想画的分支可能不止8个。你可以想画多少就画多少，但要记住把它们画在连接主干的新枝干上。在进行这项练习时,大家要克服因为怕画得不好而不敢画的心理,通过不断地练习一定会有明显进步。例如,图3-6就是依据"思维导图"这个词所做的画图练习。

图3-6 依据"思维导图"这个词汇的画图练习训练

四、思维导图基本操作训练

绘制思维导图并没有想象得那样复杂,正如成功并没有想象得那样困难一样。你只需准备好A3或A4空白纸一张、铅笔和彩笔就可以开始画了。

步骤一

将一张A3或A4空白纸横向平整地放在桌面上,从纸的中央开始绘制思维导图。

重要说明:

与纵向的格式相比,横向的格式能够提供更多的自由和空间来制作思维导图,且纸张横放可以多容纳几阶信息,减少线条碰到纸张边缘需要转弯的可能性。

步骤二

在空白纸的中央画出中心图像,其目的是用来提炼最核心的内容。

重要说明:

1. 只要有可能,就要使用图像,不要担心自己画得不像或不好看。因为图像可以提高人的视觉感触力。在思维导图中使用图像后,人会更加注意现实生活,进而努力提高描述真实物体的能力。

2. 中央图像上至少要用3种不同的颜色。我们在思维导图创作过程中要学会建立自己的颜色编码系统(按主题分颜色、按层次分颜色、按重要性分颜色等即可)。颜色除了能区分不同主题、类别,还能用来表达自己的感受并激发对主题的创意或对内容的记忆。

3. 如果某个特别的词(而不是图像)在思维导图中处于绝对中央地位,那么可以通过增加层次感、多种色彩、三维处理或动漫设计来使其变成一个图像。

既然使用图像或图画来记笔记有这么多的好处,为什么人们还拒绝使用图像呢?经过东尼·博赞、艺术家贝蒂·爱德华博士和罗琳·吉尔女士长期的调研发现,其原因主要包括以下几个方面:

- 现代人对于词汇的强调过于突出,使其成为信息的主要传递工具。
- 许多人错误地认为他们无法画出图来。
- 有些人认为创造图画是少数人才有的才华。
- 有些人认为他们天生就不会以任何方式画图。

而实际上,经过进一步研究发现:只要是有正常头脑的人都可以通过学习和练习达到艺术学校优等生的水平。

步骤三

画一些从中心图像的中央向外发散的粗线条(建议使用一些弯曲的

线条，便于大脑记忆）代表思维导图的主分支，它们将支撑基本分类概念。在每个主分支上只写一个与主题相关的关键词，因为词组和句子会限制你的思维且容易使记忆混乱。

重要说明：

1. 分支顺时针进行分布。注意当分支分布到左侧时，应由下而上进行。绘制过程中，尽量使用关键图，达到图文并茂的效果。

2. 线条上所有的字都用印刷体工整书写，不要连写。

3. 线条的长度与词本身的长度尽量一致，线条的样式以有弧度的曲线来呈现。

4. 线条与线条的间隔要有序。安排有序的间隔会增大图形的条理性，有助于层次和分类的使用，让思维导图敞开供人添加，看起来也美观得多。线条与线条之间要连上（线条可以变成箭头、曲线、圆环、椭圆、三角形、多边形），为了方便阅读，线条最好彼此连接在一起，以提升思维导图的整体美感。

5. 关键词与关键词的间隔要恰当。每个条目之间空出一定的距离，使思维导图秩序井然，结构分明。

6. 使用代码。代码可以是圆圈、方形、三角形或者下划线。通过代码可以巩固和强化层次与分类。

7. 使用箭头。箭头可以自动地引导视线，把思维导图中的一个部分与另一个部分连接起来。

步骤四

绘制二级分支和三级分支，并添加关键词或关键图像。二级分支与主分支相连接，三级分支与二级分支相连接，以此类推。

重要说明：

1. 中央线条、二级分支线条和三级分支线条逐渐变细。

2. 字体、线条和图像的大小尽量多一些变化。其中，大小的变化是表明层次相对重要性的一个最好办法。

第五节　思维导图的复习巩固

一、如何运用思维导图准备演讲

步骤一：画一个能够代表演讲主题的中央图。

步骤二：做一次快速点射思维导图，把呈现在脑海里并且与你选择的话题有关系的全部想法都画下来。

步骤三：把主干和分支理清楚，再把脑海里出现的其他关键词填进去。因为每个关键词都会给你提供至少一分钟的演讲内容。所以，要准备一小时的演讲，把思维导图限制在最多50个关键词和图像的范围内较为有效。

步骤四：再看看你的思维导图，把它削减一些，把一些额外的材料删除。在这个阶段，你还应该填入一些代码，以指明你是否希望插入图片、视频、故事、事例、小道具等。

步骤五：现在考虑一下准备演讲主干的顺序，并把这个顺序用数字标出来。

步骤六：把时间分配到每个主要分支上，再根据自己的演讲准备继续做下去。

【应用举例】

图3-7　运用思维导图策划演讲

二、如何运用思维导图做好会议记录

步骤一：画一个能够代表会议主题的中央图。

步骤二：将本次会议的目的、时间与地点、参会者、会议议程、通过决议和供下次会议讨论的内容按顺时针方向作为主分支添加到中央图上。

步骤三：随着会议的进行逐渐将相关内容以关键词或关键图像添加到二级分支或三级分支上。

步骤四：会议结束后，对初步完成的会议记录思维导图进行完善和优化并形成最终版。

【研究结论】

研究表明，在传统会议当中，一般是给那些首先发言、最后发言、声音最高、讲话声音特别、用词水平较高或者职位更高的人以较多的关注。而思维导图却打破了这种信息汇聚弊端。它会更加客观和综合地反映事实，可以让每个人都会有被倾听的机会，也鼓励平等地参与，从而有效增强团队精神。

【应用举例】

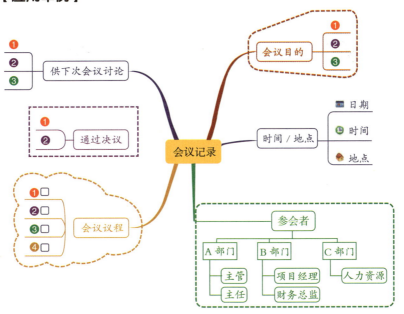

图3-8 运用思维导图做会议记录

三、如何运用思维导图提炼文字内容要点

步骤一：根据文字内容画一个能够代表主题的中央图。

步骤二：将文字内容提炼浓缩为一个个关键词，按顺时针方向作为主分支添加到中央图上。

步骤三：沿着主分支的关键词，结合文字材料继续提炼，并依次给各主分支添加二级分支及相应的关键词。

步骤四：给适合配图的二级分支或三级分支添加对应的图像。

【应用举例】

图3-9　运用思维导图展示一本书的要点

四、如何运用思维导图制定目标或规划

步骤一：画一个能够代表规划主题的中央图。

步骤二：将规划涉及的相关内容（可以按照时间、地点或项目进行分类）按顺时针方向依次添加到主分支上，并在每条主分支上标明对应的关键词。

步骤三：将主分支上的规划内容进行逐层分解，并将相关内容以关键词或关键图像添加到二级分支或三级分支上。

【应用举例】

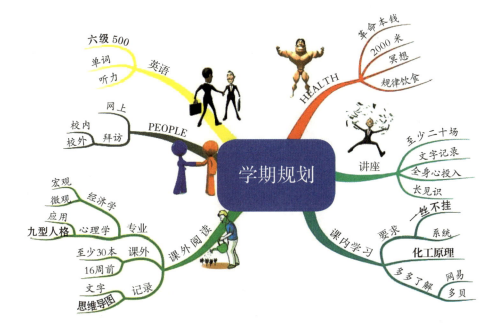

图3-10　运用思维导图做学期规划

第四章
Chapter Four

信息检索

第一节　信息检索的学习价值

在当今信息爆炸的时代，每天都会产生海量的有价值信息和垃圾干扰信息。有价值的信息可以帮助我们汲取营养，充实知识，提升能力；垃圾信息则会浪费我们宝贵的时间和精力并给我们的学习、工作和生活带来诸多的不便。权威的信息源主要有哪些？如何从浩瀚的信息库中甄别出有价值的信息？不同类型的信息通过何种渠道获取会更有效？信息检索有哪些工具，它们如何使用？对于检索到的信息应当如何储存和利用才能更好地发挥它们的作用？这一系列问题成为信息爆炸时代我们回避不了的问题，公民信息素养的提高迫在眉睫。

大卫·申克在他的著作《信息烟尘：如何在信息爆炸中求生存》中写道："如果信息超出人类的承受能力，它就会破坏我们自我学习的能力，使作为消费者的我们更容易受到侵害，使作为共同体的我们更缺乏凝聚力。这种状况使大多数人控制生活的能力一点点削弱。"人们真的没有办法应对信息爆炸吗？答案当然是否定的。我们之所以在面对海量信息时显得困惑迷茫，是因为我们缺少一种新的素质——信息素养。在信息社会中，个人要提高生活质量、追求幸福，公民要承担社会责任，企业要发展壮大，城市和国家要提高国际竞争能力，都需要培养和提高信息素养。1974年美国信息产业协会（IIA）主席保罗·泽考斯基在提交给全美图书馆学和信息学委员会（NCLIS）的一份报告中首次提出了"信息素养"的概念，他将其解释为"利用大量的信息工具及原始信息源使问题得到解答的技术和技能"。1989年,美国图书馆协会(ALA)下设的信息素养(IL)主席委员会发表的权威报告指出:"具有信息素养的人必须在需要时能够识别、查找、评价和有效地使用信息。"

【名人名言】

　　近期的研究似乎已经表明,年长的人需要更多的时间从大脑的"档案室"里检索信息,这可能是因为与年轻人相比,长者的数据库更加庞大。因此,检索时间变长是正常的,可通过数学模式预测。而在此前,人们普遍认为长者检索时间变长是因为记忆力衰退。

——特奥·康普诺利

　　人的心理能量场就像一个圆圈,圈越大半径越大,接触到外界未知事物就越多。在对外信息传输上,主动搜寻资源,检索信息为自己所用,未来属于会破译搜索引擎的人。

——贺濒

　　信息产业革命是人类有史以来最大的一次革命,也是人类几百年才有的一次机遇。

——克林顿(美国前总统)

第二节 信息检索的基本认知

一、走进信息检索

信息检索是用户查询和获取信息的主要方式,是查找信息的方法和手段。它是将信息按一定的方式进行加工、整理、组织并存储起来,再根据信息用户特定的需要准确查找相关信息的过程。

二、信息检索的四大要素

(一)信息检索的前提——信息意识

信息意识是指客观存在的信息和信息活动在人们头脑中的能动反映,表现为人们对所关心的事或物的信息敏感力、观察力和分析判断能力及对信息的创新加工能力。它是意识的一种,为人类所特有。信息意识是人们产生信息需求,形成信息动机,进而自觉寻求信息、利用信息、形成信息兴趣的动力和源泉。

(二)信息检索的基础——信息源

联合国教科文组织出版的《文献术语》中将信息源定义为:个人为满足其信息需要而获取信息的来源。具体而言,信息源按照不同的角度可以划分为以下几种类型:

1. 按照信息记录的载体划分为

印刷型信息（如图书、杂志和报纸等）、缩微型信息（如缩微胶片、缩微胶卷和缩微卡片等）、视听型信息（如唱片、影片和幻灯片等）和机读型信息（如磁带、磁盘和光盘等）。

2. 按照信息的加工层次划分为

零次信息（未以公开形式进入社会流通使用的信息，如会议记录、论文草稿、设计草图等）、一次信息（作者本人以自己的生产、科研、社会活动等实践为依据生产出来的信息，如专著、论文、科技报告、专利说明书、技术标准等）、二次信息（将大量分散、零乱和无序的一次信息进行收集、整理、浓缩和提炼，并按照一定的逻辑顺序和科学体系进行编排存储以便检索利用的工具，如书目、索引、文摘、题录等）和三次信息（在一次信息的基础上，以二次信息为途径，对原始信息群进行系统分析、综合、评述后加工而成的再生文献，如书评、综述、报告、年鉴、百科全书等）。

3. 按照信息的出版形式划分为

图书、报刊、研究报告、会议信息、专利信息、统计数据、政府出版物、档案、学位论文、标准信息等。

（三）信息检索的核心——信息获取能力

1. 了解各种信息来源
2. 掌握检索语言
3. 熟练使用检索工具
4. 能对检索效果进行判断和评价

（四）信息检索的关键：信息利用

获取学术信息的最终目的是通过对所得信息的整理、分析、总结和运用，根据自己学习研究过程中的思考，将各种信息进行合理重组，创造出新的信息，从而达到信息激活和增值的目的。

第三节　信息检索的训练原理

一、信息检索过程

"检索"源自英文"Retrieval"，其涵义是"查找"。将大量相关信息按一定的方式和规律组织并存储起来，形成某种信息集合，并能根据用户特定需求快速高效地查找所得信息的过程称为信息检索。广义上讲，信息检索包括存储过程和检索过程，但对信息用户来说，往往指查找所需信息的检索过程。信息检索实质就是把表达用户信息需求的提问特征，同检索系统中的信息特征进行类比，从中找出相一致的信息。具体的信息存储和信息检索过程如图4-1所示。

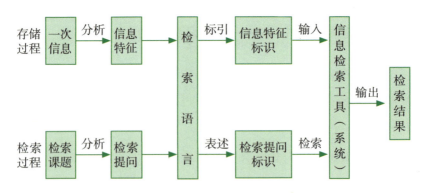

图4-1　信息存储和信息检索过程图

二、信息检索技术

（一）布尔逻辑检索

布尔逻辑检索是当前使用面最广、使用频率最高的信息检索方法，是数据库和搜索引擎检索最基本的方法。该方法是用逻辑"或"（+、OR）、逻辑"与"（*、AND）、逻辑"非"（—、NOT）等算符在数据库中对相关文献进行定性选择。其运算的次序为逻辑"或"（+、OR）、逻辑"与"（×、AND）、逻辑"非"（—、NOT）。具体如下：

1. 逻辑"或"（+、OR）

用来组配相同概念的词，文献中凡含有检索词"A"或"B"或者同时含有检索词"A"和"B"的文献均为命中文献。组配方式：A+B，表示检索含有"A"词，或含有"B"词，或同时包含"A""B"两词的文章。这样的组配可以放宽范围，扩增检索结果，提高查全率。例如，要检索有关"创新"或"创业"方面的文献，检索逻辑式可以表示为：Entrepreneurship OR Innovation。

2. 逻辑"与"（*、AND）

检索时，数据库中同时含有检索词"A"和检索词"B"的文献才是命中文献。组配方式：A*B，表示检索必须同时含有"A""B"两词的文章。这样的组配增加了限制条件，即增加检索的专指性，以缩小范围，减少文献输出量，提高检准率。例如，要检索有关"成人"和"教育"方面的文献，检索逻辑式可以表示为：adult AND education。

3. 逻辑"非"（-、NOT）

数据库中凡含有检索词"A"而不要检索词"B"的文献，为命中文献，是用来在检索中排除某些词的。组配方式：A—B，表示检索出含有"A"词而不含有"B"词的文章，用于排除不希望出现的检索词，能够缩小命中文献范围，增强检索的准确性。例如，要检索有关污染，但不要含大气方面的文献，检索逻辑式可表示为：pollution NOT air。

（二）截词检索

截词指在检索词的合适位置进行截断，主要包括前截断、后截断、前后截断和中间截断。截词在计算机检索中一般用"？"或"*"表示，具体如下：

1. 前截断

前截断是指将截词符号置于检索词的左边，表示检索词前面的字符可以变化，但后面须保持一致。例如，用户需要检索有关"历史"方面的文献，可以输入"？历史"进行检索相应数据库中各种类型历史的文献。

2. 后截断

后截断是指将截词符号置于检索词的右边，表示检索词后面的字符可以变化，但前面须保持一致。例如，当用户只知道文献作者的姓氏是李而不知道作者全名时，可以输入"李？"来检索相应数据库中所有姓氏为李的作者撰写的文献。

3. 前后截断

前后截断指将截词符号置于检索词的两边，表示检索词两侧的字符都可以变化，但是中间须保持一致。例如用户需要检索"创新创业"方面的文献，可以输入"？创新创业？"来检索相应数据库中的如"高校创新创业""社会创新创业""创新创业教育""创新创业方法"等方面的文献。

4. 中间截断

中间截断指将截词符号置于检索词的中间，表示检索词中间的字符可以变化，但是两端字符须保持一致。例如，用户需要检索"人工智能的各种价值"方面的文献，可以通过"人工智能的？价值"来检索数据库中的如"人工智能的经济价值""人工智能的社会价值""人工智能的教育价值"等方面的文献。

（三）字段限制检索

组成数据库的最小单位是记录，一条完整记录中的每一个著录事项为字段。以中国知网（CNKI）为例，该数据库的记录主要包括下列字段：主题字段、篇名字段、关键词字段、作者字段、作者单位字段、来源期刊字段、出版年份字段等。

（四）短语检索

短语检索指用""括起某个短语，检索出与""内形式完全相同的短语，从而大大提升检索的精度和准确度。例如"大数据""区块链"等。

（五）自然语言检索

自然语言检索指直接采用自然语言中的字、词、句进行提问式检索，又称智能检索，适合不太熟悉网络信息检索的用户使用。例如，"如何提升英语口语水平？"等。

三、信息检索评价

判断检索效果的两个指标：

（一）查全率

查全率=被检出相关信息量/相关信息总量×100%

（二）查准率

查准率=被检出相关信息量/被检出信息总量×100%

第四节　信息检索的训练方法

一、纸质图书检索训练

纸质图书检索一般常用的方式包括线下直接进入图书馆和线上通过专业图书购物网站（如当当网、亚马逊）等。

（一）纸质图书检索训练

线下纸质图书检索一般可以在图书馆现场完成，下面以在图书馆寻找《自控力》一书（作者为凯利·麦格尼格尔，图书分类号为B849）为例演示线下图书检索的方法，具体步骤如下：

步骤一，在图书馆大厅的书目检索专区找到一台自助式图书检索机（图4-2）。双击界面上检索工具的图表，按照提示输入检索信息，一般可以在检索机上输入书名、作者、图书分类号等信息中的任意一种，点击搜索按钮即可迅速弹出所需检索图书的详细信息。

步骤二，在弹出的图书详细信息

图4-2　自助式图书检索机

中找到它的索书号,索书号是图书馆藏书排架用的编码,是文献外借和馆藏清点的主要依据,一般由分行排列的几组号码组成,通常被印在目录卡片的左上角、书脊下方的书标上以及图书书名页或封底的上方,如图4-3所示。索书号就相当于图书在图书馆中的身份证,记载了图书的类型及所在的位置。索书号的一般排列原则为:自上而下,从左到右,由小到大。

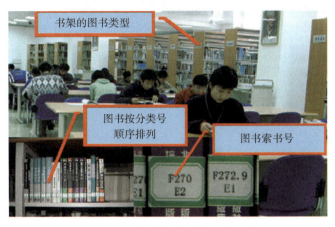

图4-3　图书馆书目编码示意图

步骤三,根据所查询到的目标图书的索书号进入图书馆藏书区寻找,首先根据索书号的第一个字母找到图书所在的大类,每个书架上都会标明如A、B、C等字母。如果我们要找的图书索书号第一个字母是H,则去标号为H的书架区域,然后再根据索书号后面的数字找到该图书在书架中的准确位置。

(二)线上图书检索训练

线上图书检索一般可以借助于专业的图书购物网站完成,下面以在当当网寻找一本高质量的"理财"类图书为例引导大家从线上海量的图书中挑选出相对有价值的图书,具体步骤如下:

步骤一,登录当当网官方网站,进入网站首页。点击主页面左上角的"图书排行榜",如图4-4标注区域所示。当当图书排行榜是依据千万顾客真实购买数据定时更新而形成的大数据,是当前各类别图书阅读情况的风向标。

图4-4 当当网主页

步骤二,进入当当图书排行榜页面后,根据你所要找的图书类别点击相应的类别标签。我们要找到高质量的"理财"类图书就需要点击类别标签栏中的"更多分类",如图4-5标注椭圆区域所示。

图4-5 当当网搜索框

步骤三，点击"更多分类"后在页面左侧纵列即可找到有关投资理财类图书相应的子菜单，如图4-6左侧标注区域所示。页面右侧区域则依据畅销程度按顺序显示了该网站上所有出售的投资理财类图书。由此可见，目前投资理财领域最畅销的三本书依次是《富爸爸穷爸爸》（20周年修订版）《财富自由之路》《财务自由之路：7年内赚到你的第一个1000万》。

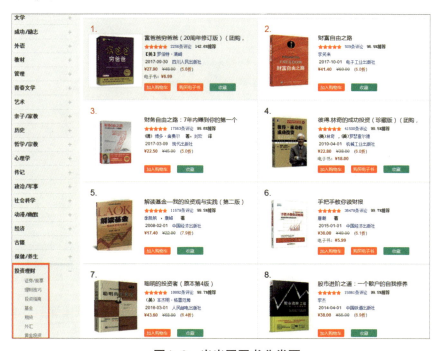

图4-6　当当网图书分类页

步骤四，点击投资理财领域最畅销的前几本书，再结合媒体评论、网友留言、推荐率、图书目录和在线试读等信息做出综合判断。

图4-7 当当网《富爸爸穷爸爸》图书的目录、评论及试读页

二、报刊杂志检索训练

有关杂志检索，目前业内专业且规模较大的平台主要有杂志云（中国杂志服务行业首家上市公司）、杂志铺（中国首家杂志订阅折扣网）、中国邮政报刊订阅网和京东杂志订阅等。下面我们通过杂志云平台寻找"创业"方面的杂志为例来演示线上检索订阅杂志的方法。

步骤一，登录杂志云官方网站http://www.zazhi.com/，进入网站首页并在搜索框内输入关键词"创业"，然后点击搜索，如图4-8标注区域所示,即出现下面的页面。

图4-8　杂志云官网主页

步骤二,在弹出的和"创业"有关的相关杂志页面中,依据销量、人气和价格三项指标进行排序,如图4-9标注区域所示,初步挑出对应指标内排名靠前的几本备选杂志。

图4-9　杂志云官网搜索页面

步骤三，点击挑出的几本备选杂志，再结合网友评论留言、杂志简介、杂志目录、精彩内容等信息做出最终选择。

图4-10　杂志网官网图书评价页面

三、数据库检索训练

数据库是将海量的数据按照一定的方式组织并存储起来，能够快速方便地管理与维护，可共享的数据集合。目前国内知名的数据库平台主要包括中国知网、万方、维普、超星等，其记载的数据库资源主要包括学术期刊、硕博论文、会议、年鉴、专利、标准、成果等类别。下面就以在中国知网平台搜索一篇与"工匠精神"相关的期刊为例演示数据库检索获得资料的方法。

第四章 信息检索

【知识百科】

中国知网

"中国知网"（China National Knowledge Infrastructure，简称CNKI。CNKI工程是以实现全社会知识资源传播共享与增值利用为目标的信息化建设项目，由清华大学和清华同方共同发起，始建于1999年6月。CNKI 由中国学术期刊（光盘版）电子杂志社、同方知网（北京）技术有限公司主办，是基于《中国知识资源总库》的全球最大的中文知识门户网站，具有知识的整合、集散、出版和传播功能。目前，中国知识资源总库系列数据库主要包括中国学术期刊网络出版总库、中国期刊全文数据库、中国博士学位论文全文数据库、中国优秀硕士学位论文全文数据库、中国重要会议论文全文数据库、中国重要报纸全文数据库、中国图书全文数据库、中国年鉴网络出版总库和中国引文数据库等。该平台的网上数据每日更新，全文阅读主要包括CAJ和PDF两种格式，阅读软件CAJViewer和福昕PDF阅读器（Foxit Reader）均可在网站下载。

步骤一，登录中国知网官方网站http://www.cnki.net/，进入网站首页并选择所要检索的资料类型，点击图4-11中的标注区域"学术期刊"标签。

步骤二，检索类型根据搜索要求的精确度高低不同分为简单检索、高级检索和专业检索。一般建议搜索时直接采用高级搜索，以文献为例，点击"高级检索"进入图4-12的页面。

图4-11　中国知网官网主页

图4-12　中国知网搜索页面

第四章 信息检索

步骤三，首先，根据文献全部分类以及相应的下级类目选择学科领域并勾选出类目范围。其次，选取检索条件，即在"检索项"的下拉框中选取要进行检索的字段，这些字段类型主要有主题、全文、篇名、作者、单位、关键词、摘要、参考文献、中图分类号和文献来源。再次，确定资源类型，选择自己所需资料的类型，如期刊、报纸、论文、会议等。从次，在检索框中输入检索词。最后，针对呈现的结果选择其他需要限定的条件，例如主题排序、发表时间、被引和下载数等。用户可以根据自己已经掌握的文献信息选择合适的检索字段，如图4-13所示。

图4-13　中国知网文献检索结果页面

步骤四，阅读和下载。例如，点击"工匠精神的当代价值意蕴及其实现路径的选择"或"高职院校加强'工匠精神'培育思想"即可进入下面的页面（图4-14和图4-15），我们可以根据需要，选择在线阅读或下载这篇文章。一般在学校试用或购买了CNKI数据库的情况下，高校师生可以免费下载数据库中的文献。社会人士则一般需要注册会员完成在线充值再通过付费的方式下载数据库中的文献。

图4-14 中国知网文献摘要页面

图4-15 中国知网文献下载页面

四、网络搜索引擎检索训练

网络搜索引擎因其不仅能够进行文本信息的检索,而且能提供图片、音频、视频和软件等资料的下载和网络购物的搜索支持,成为当今网络检索的主流工具。目前,典型的网络搜索引擎主要包括百度、谷歌、奇虎360、知乎等。下面以通过百度平台搜索信息为例演示网络搜索引擎的使用方法。

步骤一,登录百度官方网站www.baidu.com(见图4-16)。

步骤二,在搜索框中输入与需要搜索的信息相对应的关键词。

图4-16　百度官网主页

(一)输入关键词的同义词或近义词

考虑搜索提问中的关键词是否有同义词、近义词以及词形的各种变化,以扩大词语的搜索范围,降低检索结果出现遗漏的可能性。例如:

"婴儿"的近义词可以是"宝宝"或"婴孩"等。

（二）拆分较长的关键词

当你要查的关键词较为长时，建议将它拆成几个关键词来搜索，注意词与词之间用空格隔开。例如在搜索框中输入"中国 民营 企业家"，百度可以找到相关结果约11900000个；而搜索"中国民营企业家"，则只有严格含有"中国民营企业家"连续7个字的网页才能被找出来，不但找到的资料只有8040000篇，资料的准确性也比前者差得多。

（三）使用运算符号

1. 使用引号""""

给要查询的关键词加上双引号（半角），可以实现精确查询。

例如：搜索："高等职业教育"就会弹出含有"高等职业教育"这个关键词的网址，而不会出现诸如"高等教育"之类的网页。

2. 使用减号"-"

给要查询的关键词后面加上减号，可以实现有目的地删除某些无关网页，但减号之前必须留一个空格，语法是"A - B"。

例如，要搜寻关于"学历教育"，但不含"自考"的资料，可使用如下查询："学历教育 - 自考"。

注意：前一个关键词和减号之间必须有空格，否则，减号会被当成连字符处理，而失去减号语法功能。减号和后一个关键词之间，有无空格均可。

3. 使用加号"+"

在关键词的前面加上加号"+"，就是要求该关键词必须出现在结果中的网页上。

例如：搜索"+21世纪+素质+能力"就表示内容中同时包含这三个关键词。

4. 使用分隔号"|"

使用"A | B"，可以实现搜索"或者包含关键词A，或者包含关键词B"的网页。

例如：您要查询"图片"或"视频"相关资料，无须分两次查询，只要输入"图片|视频"搜索即可。百度会提供跟"|"前后任何关键词相关的网站和资料。

（四）掌握百度搜索的重要功能

1. 相关搜索

如果我们无法确定输入什么词语才能找到满意的资料，可以使用百度相关检索。我们可以先输入一个简单词语搜索。然后，百度搜索引擎会为我们提供"其他用户搜索过的相关搜索词语"作参考。我们点击其中一个相关搜索词，就能得到这个相关搜索词的搜索结果。

2. 百度快照

点击每条搜索结果后的"百度快照"，可查看该网页的快照内容。百度搜索引擎已预览过各网站，拍下了网页的快照，为用户存储了大量的应急网页。

3. 简体和繁体

在百度搜索引擎中，我们输入标准编码的繁体中文或简体中文，都可以同时搜到繁体中文和简体中文网页。

4. 大写和小写

百度搜索引擎不区分英文字母大小写。所有的字母均当作小写处理。例如：输入"B2C"或"b2C"或"B2c"，结果都是一样的。

【知识百科】

　　通过网络获得文档资料比较好的平台有百度文库、道客巴巴、管理资源吧和360图书馆等；通过网络获得图片资料的平台主要有百度图片、千库网、图虫创意、昵图网、站长素材等；通过网络获得音频资料的平台主要有百度音乐、酷我音乐、酷狗音乐、QQ音乐等；通过网络获得视频资料的平台主要有百度视频、腾讯视频、优酷视频、搜狐视频、爱奇艺视频等。

第五节　信息检索的复习巩固

　　假设你想在本学期提升理财能力并撰写一篇如何提升大学生理财水平方面的论文。请运用本篇所学的方法找出理财领域的3本图书、5本报刊杂志、10篇优秀论文、5个优秀网站和5个相关的优秀视频。

第五章
Chapter Five

体验学习

第一节　体验学习的学习价值

传统学习一般是一个人通过演讲或授课的方式传达资讯给其他人，学习成果仅限于学识范围的智力层面。这种教学法是以"杯与壶"的学习理论为基础，简而言之，听课者就像"空杯子"，等着授课者从知识之源的"壶"中将知识注入"杯子"里。这是一种被动的学习方式，针对主题内容，学生不会被要求去检视他们自己的感觉、想法和领悟情形。

体验学习与传统学习相比较具有以下几个典型的特点：

第一，主动参与。体验学习要求学习者发挥主动精神，对自己的学习负主要责任，真正成为教学过程的主体。同时，该方法强调学习者积极主动地参与，因为没有这种参与，就不能产生任何体验，更谈不上学习过程的完成。

第二，寓教于乐。寓教于乐一直是教育界为激发学生的学习兴趣而试图攻克的难题。体验学习的提出为这方面的研究开辟了一条新的思路。在这里"乐"的重心已有所偏移，即并非教师单方面制造的乐趣，而是学生主动体会到的乐趣。学生学得快乐，这才是寓教于"乐"的真正实现和真实效果。

第三，学以致用。学以致用是传统教育的另一个难题，原因之一是学生很少有应用知识解决实际问题的场所、时间和机会。因此，应该让学习者逐渐意识到学习是一个通过实践运用循序渐进的过程。

> 【名人语录】
>
> 世事洞明皆学问，人情练达即文章。
>
> ——曹雪芹《红楼梦》
>
> 纸上得来终觉浅，欲知此事须躬行。
>
> ——陆游《冬夜读书示子聿》
>
> 行是知之始，知是行之成。
>
> ——陶行知

第二节　体验学习的基本认知

体验学习是人最基本的学习形式，是指人在实践活动过程中，通过反复观察、实践、练习，对情感、行为、事物的内省体察，最终认识到某些可以言说或未必能够言说的知识，掌握某些技能，养成某些行为习惯，乃至形成某些情感、态度、观念的过程。

最早将体验学习作为一种独立的学习方式来开发的是毕业于牛津大学的库尔特·哈恩博士。这位在西方教育界大名鼎鼎的教育家说过："我把教育的最主要的任务当成是生存的品质：富有进取心、好奇心、永不言败的精神、韧性、自我判断的能力，尤其是同情心。"他深刻地认识到学校教育的局限性，认为学校教育早已不能完全提供给学生平衡成长的机会与空间，学生普遍缺乏自信，缺乏体谅，不懂得对人感恩。为了帮助学生平衡他们的智力和体力成长，他研究了一套用于弥补这些缺失的教育方式，提供学生亲身体验挑战、突破和冒险的成长经验，来提高学生的体能，强调发扬健康的生存，反对竞争行为。

这种先于学识的体验学习方式，除了在课堂中的应用、与导师互动使课堂生动、活跃及具有挑战性之外，学习者全程都是全身心主动参与，并能够察觉正在发生的学习及过程，在省思的体验中，当下的学习连接到过去、现在和未来。同时针对个人及团队在解决问题的行动方面，提供了一个密集、深入且深远的实质学习机会，是一个非常有力量的关于激发个人潜能、获得个人及团队成功的学习工具。正因为全身心的参与，所以学习效率、知识理解、知识记忆持久度都大幅度提升。体验式学习法比传统学习方法的学习效率高3～5倍。

第三节　体验学习的训练原理

一、体验学习理论

体验学习（Experiential learning）的思想最初来自美国著名教育家杜威的经验学习。经验是实用主义哲学的核心概念。杜威认为："经验包含一个主动的因素和一个被动的因素，这两个因素以其特有的形式结合着。"这两个要素就是体验（Experience）和承受（Undergoing）。体验是为求得某种结果而进行的尝试，承受是接受感觉或承受体验的结果。也就是说，只有当主动的尝试和被动的承受结合在一起的时候，才构成了经验。他认为，要保障人类经验的传承和改造，学校教育就必须为学生学习知识提供一定的材料，而他们要真正获得真知，则必须通过运用、尝试、改造等实践活动来获取，这就是著名的"做中学"（Learning by doing）。按照杜威的思想，只有通过具体的"做"，才能达到改造个体行为的目的。

二、学习金字塔理论

学习金字塔理论是美国缅因州国家训练实验室的研究成果，它用数字形式形象显示了：采用不同的学习方式，学习者在两周以后还能记住内容（平均学习内容保持率）的多少，如图5-1所示。具体内容如下：

第一种，"讲授、听讲"，老师讲，学生听，这种学习方式效果最低，两周以后学习的内容只能留下5%。

第二种，通过"阅读"方式学到的内容，可以保留10%。

第三种，用"声音、图片或视频"的方式学习，可以达到20%。

第四种，用"演示或示范"，采用这种学习方式，可以记住30%。

第五种，"分组讨论"（4~6人每组，有负责人，好中差结合），可以记住50%的内容。

第六种，"做中学或实践演练"，可以达到75%。

第七种，"教别人或对所学知识的立即应用"，可以记住90%的学习内容。

图5-1　学习金字塔

该理论的提出者爱德加·戴尔指出，学习效果在30%以下的几种传统方式，都是个人学习或被动学习；而学习效果在50%以上的，都是团队学习、主动学习和参与式学习。

第四节 体验学习的训练方法

一、有效倾听训练

（一）认识倾听的五个层次

据分析，"倾听"是有层次之分的，主要包括以下几个层次：

1. 第一层次，"听而不闻"。如同耳边风，完全没听进去。
2. 第二层次，"敷衍了事"。只做出倾听的动作，实际心不在焉。
3. 第三层次，"选择地听"。只听合自己的意思或口味的，与自己意思相左的一概自动消音过滤掉。
4. 第四层次，"专注地听"。某些沟通技巧的训练会强调"主动式""回应式"的聆听，以复述对方的话表示确实听到，即使每句话或许都进入大脑，但是否都能听出说者的本意、真意，仍然值得怀疑。
5. 第五层次，"同理心的倾听"。一般人聆听的目的是为了做出最贴切的反应，根本不是想了解对方。所以同理心倾听的出发点是为了"了解"而非为了"反应"，也就是透过交流去了解别人的观念、感受。

（二）掌握有效倾听的核心方法

1. 保持视线接触：聆听时，必须看着对方的眼睛。人们判断你是否在聆听和吸收说话的内容，是根据你是否看着对方做出的。

2. 让人把话说完：让人把话说完整并且不插话，这表明你很看重沟通的内容。打断别人说话以强调自己的观点，这反映了对对方的不尊重。

3. 表示赞同：点头或者微笑就可以表示赞同正在说的内容，表明你与说话人意见相合。人们需要有这种感觉，即你在专心地听着。

4. 全神贯注：把可以用来信手涂鸦或随手把玩等使人分心的东西（如铅笔、钥匙串等）放在一边，你就可以免于分心了。人们总是把乱写乱画、胡乱摆弄纸张或看手表解释为心不在焉——即使你很认真也是如此。

5. 放松自己：采用放松的身体姿态（如把头稍偏向一边，或把身体重心偏向一边），就会得到这样的印象：他们的话得到你完全的关注了。这些信号能使与你沟通的人判断你是否正在专心听取他们说的内容。

6. 检查你的理解力：检查自己是否听得真切，并且已正确地理解了信息（尤其是在打电话时），可以把听到的内容用自己的话复述一遍，就可以肯定是否已准确无误地接收了信息。通过询问，可以检查自己对信息的理解，也能使说话者知道你在积极主动地聆听。

训·练·情·境

2名学生一组，彼此分别向对方倾诉心事10分钟，再分别分享被别人用心倾听的感受，锻炼彼此的倾听能力。

名人趣事

世界汽车销售冠军乔·吉拉德关于有效倾听曾有过深刻的教训。一次，某位名人来找他买车，他推荐了一款最好的车型。那人对比过后很满意，并掏出10000美圆现钞，眼看就要成交了，对方却突然拂袖而去。

乔·吉拉德为此事懊恼了一下午，百思不得其解。到了晚上11点他忍不住打电话给那人："您好！我是乔·吉拉德，今天下午我曾经向您介绍一部新车，眼看您就要买下，却突然走了。"

"喂，你知道现在是什么时候吗？"

"非常抱歉，我知道现在已经是晚上11点钟了，但是我检讨了一下午，实在想不出自己错在哪里了，因此特地打电话向您讨教。"

"真的吗？"

"肺腑之言。"

"很好！你用心在听我说话吗？"

"非常用心。"

"可是今天下午你根本没有用心听我说话。就在签字之前，我提到犬子吉米即将进入密执安大学念医科，我还提到犬子的学科成绩、运动能力以及他将来的抱负，我以他为荣，但是你毫无反应。"

乔·吉拉德不记得对方曾说过这些事，因为他当时根本没有注意。乔认为已经谈妥那笔生意了，他非但没有用心听对方说什么，反而在听办公室内另一位同事讲笑话。

二、用心观察训练

通过对学习对象的行为、动作以及它们所引起的结果进行观察，人们可以获取信息,而后经过学习主体的大脑进行加工、辨析、内化,再将习得的行为在自己的动作、行为、观念中反映出来。具体步骤如下:

首先,通过调研观察我们日常学习生活中出现的种种现象。

其次,分析并描述这些现象具体的表现形式。

再次,探寻这些现象产生的原因。

最后,观察解决这些现象的有效方法。

训·练·情·境

(一)学校情境:学生上课玩手机现象、食堂餐饮浪费现象、班级盲目考证现象等。

(二)社会情境:交通拥堵现象、空气污染现象、留守儿童现象等。

名人趣事

被誉为世界短篇小说之王的法国作家莫泊桑曾拜著名作家福楼拜为师。一天,他把自己坐在屋里编的准备写成小说的故事讲给福楼拜听。福楼拜听后说:"我劝你不要忙于写这些虚拟的东西,你每天骑马到外面转一圈,把路上看到的一切准确地、细致地记录下来。"于是莫泊桑意识到福楼拜是教他首先学会用眼睛去观察生活,认识生活,练好观察这一基本功。至此他花了一年左右的时间,每天外出观察,终于写成了小说《点心》,并成为世界著名的小说家。后来莫泊桑在总结自己的创作经验时说:"对你所要表现的东西,要长时间很注意地观察它,以便发现别人没有发现过和没有写过的特点。任何事物里,都有未被发现的东西……"

三、视频试听训练

观摩电影或电视剧及科教节目中的精彩视听片段,从中心学习提炼核心要点并分享自己的感悟与收获。具体步骤如下:

首先,甄选口碑好、价值高的试听材料。

其次,专注观看视听材料。

再次,提炼该段视听材料中的核心要点。

最后,找合适的机会向他人分享你的感悟与收获。

> **训·练·情·境**
>
> (一)电影视听:《当幸福来敲门》《阿甘正传》《肖申克的救赎》《三傻大闹宝莱坞》《我不是药神》《狼图腾》等。
>
> (二)电视剧视听:《大染坊》《乔家大院》《大宅门》《闯关东》《走西口》《猎场》等。
>
> (三)科教节目视听:《百家讲坛》《超级演说家》等。

四、主题演讲训练

(一)演讲受众分析

1. 预估受众的兴趣

- ✦ 和命运有关的话题
- ✦ 和健康相关的话题
- ✦ 和工作有关的话题
- ✦ 和生活有关的话题
- ✦ 和情感有关的话题
- ✦ 和爱好有关的话题

2. 了解受众的特点
- 对演说者比较友好
- 接受的水平各不相同
- 具有自主的分析判断
- 注意力集中时间有限
- 演讲者会及时反馈
- 易受群体行为的影响

3. 满足受众的需求
- 启迪心灵
- 学会方法
- 提高能力
- 汲取知识
- 情感共鸣
- 获得快乐

（二）演讲资料整理

不求多但求精
人们的脑子里能够雇佣三或四个经过详细阐述和严密论证的要点，这样的效果好于提供无数琐碎的支持材料。

不求难但求趣
收集的支撑材料不必力求高深难懂但求丰富有趣，能够激发观众的兴趣并集中他们的注意力。

不求全但求新
综合运用图片、音乐和视频构成动态立体的支撑材料，通过带给观众新颖的视听效果来加深其印象。

图5-2 演讲资料收集参考标准

（三）演讲开场渲染

1. 开场渲染的核心目标
- 吸引观众的注意力
- 为演讲做好铺垫
- 提高观众认可程度
- 与观众建立起沟通
- 调动观众的积极性

2. 开场渲染的常用方法

✦ 开门见山法（直接干脆不易出错）
✦ 故事吸引法（顺利过渡进入主题）
✦ 问题切入法（调动观众的好奇心）
✦ 事实陈述法（促使观众一起思考）
✦ 借助视听法（吸引观众进入状态）
✦ 引用名言法（短小精悍产生共鸣）
✦ 幽默渲染法（拉近与观众的距离）
✦ 游戏开场法（引导观众放松心情）

3. 开场渲染的主要禁忌

✦ 一开场就示弱，博取同情
✦ 介绍过于啰嗦，没玩没了
✦ 不顾场合对象，乱开玩笑
✦ 缺乏必要衔接，转入主题
✦ 表现无精打采，缺乏激情

（四）演讲中间设计

1. 如何组织提炼演讲时的内容

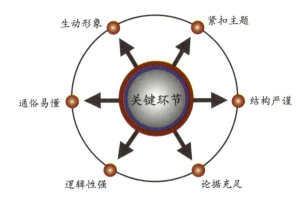

图5-3　演讲内容设计要求

2. 如何正确表达演讲时的语言

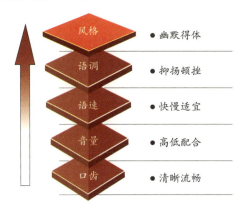

图5-4　演讲表达核心要点

3. 如何适时插入演讲时的材料

图5-5　演讲材料插入方法

（五）演讲结尾点睛

1. 结尾点睛的核心目标

首尾呼应，画龙点睛

重复观点，加深记忆

拨动情感，引起共鸣

开启联想，促使行动

2. 结尾点睛的常用方法

重申主题法（直截了当通俗易懂）

首尾呼应法（系统全面画龙点睛）

祝福结束法（感恩观众赢得好感）

故事比喻法（寓理于事意味深长）

名言佐证法（便于记忆提高信度）

行为鼓励法（学以致用凸显价值）

3. 结尾点睛的主要禁忌

虎头蛇尾，草草收兵

画蛇添足，节外生枝

冗长拖拉，漫无边际

旁敲侧击，讽刺挖苦

过于傲慢，目中无人

训·练·情·境

（一）主题演讲：如让学员提前准备，围绕我们的心态、学习、工作、生活、健康、情感进行8～10分钟的主题演讲。

（二）即兴演讲：在课堂上围绕某一个随机主题邀请学员进行3～5分钟的即兴演讲。

五、小组讨论训练

小组讨论学习是目前世界上许多国家普遍采用的一种富有创意的教学方法。由于其实效显著，被人们誉为近十几年最重要和最成功的学习方法。我们把全班学员按"组内异质、组间同质"的原则，根据性别比例、兴趣倾向、学习水准、交往技能、守纪情况等进行合理搭配，分成学习小组，每组6人，按长方形围坐，以便启发引导之后，学生面对面地进行小组讨论。

小组人员分工及分工标准：根据每个人的特长组内商议后进行不同的分工。善于组织活动的学生为组长；善于记录的学生为记录员；善于表达的学生为中心发言人。为了让每一名学生都得到锻炼，定期轮换主发言人，每人都有发言的机会，在主发言人发言之后，如有遗漏，中心发言人可以补充。

训·练·情·境

沙漠求生记

（一）讨论的素材

在炎热的八月，你乘坐的小型飞机在撒哈拉沙漠失事，机身严重撞毁，面临焚毁的危险；飞机的位置不能确定，只知道最近的城镇是附近70公里的煤矿小城；飞机上生还人数与你的小组人数相同；你们装束轻便，只穿着短袖T恤、牛仔裤、运动裤和运动鞋，每人都有1条手帕；全组人都希望一起共同进退；飞机燃烧前，你们只有15分钟时间，从飞机中抢救物品；机上所有物品性能良好；沙漠日间温度是40摄氏度，夜间温度随时骤降至5摄氏度。在失事飞机里，如果你们只能从15项物品中挑选5项。在考虑沙漠的情况后，请现场各位首先通过讨论挑选出5件最重要的东西，然后进行排序，并说明理由。

15件物品包括：1. 1支闪光信号灯（内置4个电池）；2. 1把军刀；3. 1张该沙漠区的飞行地图；4. 7件大号塑料雨衣；5. 1个指南针；6. 1个小型量器箱（内有温度计、气压计、雨量计等）；

7. 1把45毫米口径手枪（已有子弹）；8. 3个降落伞（有红白相间图案）；9. 1瓶维他命丸（100粒装）；10. 50升饮用水；11. 化妆镜；12. 7副太阳眼镜；13. 10升伏特加酒；14. 7件厚衣服；15. 1本《沙漠动物》百科全书。

（二）讨论的任务

首先，每位小组成员在1分钟内做自我介绍；

然后，各位成员在2分钟内仔细阅读文字材料；

接着，各位成员在2分钟内阐释自己的观点；

之后，小组所有成员在10分钟内自由发表自己的观点或帮团队梳理总结；

最后，小组成员推选1名组员阐述本组最终结论。每个环节每超过1分钟个人得分扣1分，小组得分扣5分。

六、实践操作训练

管理游戏：寻宝总动员

（一）游戏目的：通过游戏加强团队成员的团队意识和效率意识，并深入思考人生中的这几个宝贝我们如何去平衡。

（二）游戏类型：活跃气氛

（三）游戏分组：人数最好控制在30～60人范围内，分成5～10组，最好是来自公司不同部门的人。

（四）游戏时间：15分钟

（五）游戏地点：室内

（六）游戏道具：白板、黑色水彩笔和红色水彩笔各1支、托盘5～10个、计时器或秒表

训·练·情·境

1. 首先，培训师请工作人员配合准备好托盘和计时器准备计时。

2. 然后，培训师通过激光笔依次翻出10种物品的名称，各组迅速通过各种途径凑齐这些物品放到托盘内，每种物品限时1分钟，每一轮最快的前三组依次加30分、20分和10分。

物品名称：

◎ 黄色的钥匙1把：明确您的目标，开启金色人生

◎ 健身卡1张：强健体魄，革命本钱

◎ 和家人的照片：常回家看看，父母需要你

◎ 名片1张：广结善缘，四海一家

◎ 定情戒指1枚：百年好合，永结同心

◎ 纯白头发1根：矜矜业业，鞠躬尽瘁

◎ 打火机1个：红红火火，大吉大利

◎ 1枚一元银币：勤俭持家，财源滚滚

◎ 国产手机：饮水思源，忠于企业

◎ 写着中华第一善书答案的纸片：了凡四训

3. 接着，游戏结束后邀请学员进行分享。

（1）人这一生哪些东西是最重要的？

健康、亲情、友情、爱情、财富、事业、年龄、智慧，不同的人也许有着不同的答案，但是您在重视其中的一个或几个的同时也不要忽视了其他的。

（2）您是否知道，有些事情可以等，有些事情是等不了的？

孝顺父母、体贴爱人、教育子女、身体健康、行善积德。

4. 最后，培训师对优胜组发放奖品。

七、教授他人训练

教授他人我们可以运用风靡全球的高效率学习方法——"费曼技巧"来进行训练。费曼技巧的灵感源于诺贝尔物理奖获得者理查德·费曼。该方法的具体操作步骤如下：

第一步，选择一个你想要理解的概念，然后拿出一张白纸，把这个概念写在白纸的最上边。

第二步，设想一种场景，你正要向别人传授这个概念并在白纸上写下你对这个概念的解释，就好像你正在教导一位新接触这个概念的学生一样。当你这样做的时候，你会更清楚地意识到关于这个概念你理解了多少，以及是否还存在理解不清的地方。

第三步，如果你感觉卡壳了，就回顾一下学习资料，无论何时你感觉不清楚了，都要回到原始的学习资料并重新学习让你感到不清楚的那部分，直到你领会得足够顺畅，顺畅到可以在纸上解释这个部分为止。

第四步，为了让你的讲解通俗易懂，简化语言表达最终的目的，是用你自己的语言，而不是学习资料、课程中的语言来解释概念。如果你的解释很冗长或者令人迷惑，那就说明你对概念的理解可能并没有你自己想象得那么顺畅，你要努力简化语言表达，或者与已有的知识建立一种类比关系，以便更好地理解它。

训·练·情·境

请学员通过自学教学其他学员一个概念（如复利效应、财政政策、习得性无助、安全空间等）、一种方法（如六项思考帽、目标管理SMART法、顾问式销售SPIN法等）或一项技能（如怎样系领带、WORD中如何插入超链接、EXCEL中如何进行数据的运算、PPT中如何插入可以自动播放的视频等）。

第五节 体验学习的复习巩固

分别围绕团队管理这个主题采用倾听别人谈话、阅读相关图书杂志、观看相关影视视频、准备主题演讲和参与体验游戏等方式不断提升自身的团队管理能力,并最终教会班级其他同学如何进行有效的团队管理。

参考文献

[1] 黄勇，张景丽，崔今淑.解读自身的人体科学（图文版）[M].延吉：延边大学出版社，2005.

[2] J.G.尼克尔斯，A.R.马丁等.神经生物学——从神经元到脑[M].北京：科学出版社，2003.

[3] 东尼·博赞.启动大脑[M].北京：化学工业出版社，2016.

[4] 克里斯蒂安·格吕宁.超级快速阅读（新版）[M].北京：中信出版社，2015.

[5] 东尼·博赞.思维导图.[M].北京：化学工业出版社，2016.

[6] 成甲.好好学习：个人知识管理精进指南[M].北京：中信出版社，2017.

[7] 大卫·普莫特，卡洛尔·柯曼.让你的孩子更聪明[M].北京：京华出版社，2010.

[8] 简殊，张惠萍.全脑速读记忆之训练原理[M].北京：人民日报出版社，2004.

[9] 简殊，张惠萍.全脑速读记忆之训练技法与手册[M].北京：人民日报出版社，2004.

[10] 东尼·博赞.快速阅读[M].北京：化学工业出版社，2016.

[11] 肯尼思·希格比.如何高效记忆[M].北京：机械工业出版社，2017.

［12］东尼·博赞.超级记忆[M].北京：化学工业出版社，2016.

［13］陈国钦，孙易新.思维导图:提升你的职场核心竞争力[M].北京：北京时代华文书局，2017.

后　记

　　本书是合肥财经职业学院根据锥形人才培养模式，组织力量编写的素质教育系列教材之一，其宗旨是全方位提高学生的学习意识、学习方法和学习能力，为其终生发展奠定基础。本书也可作为普通高等院校和培训机构提升学习的培训教材。

　　为了获取当今国内外学习力领域比较成熟和有影响力的成果，本书在编写过程中借鉴并参考了神经生物学领域由J.G.尼克尔斯、A.R.马丁、B.G.华莱士、P.A.富克斯等共同编写，中国科学院院士杨雄里翻译的权威著作《神经生物学：从神经元到脑》（科学出版社），简殊和张惠萍主编的《全脑速读记忆》（人民日报出版社），"世界大脑先生"东尼·博赞主编的畅销书《快速阅读》《超级记忆》和《思维导图》（化学工业出版社），克里斯蒂安·格吕宁编写的《超级快速阅读》，成甲编写的《好好学习：个人知识管理精进指南》（中信出版社），陈国钦和孙易新编写的《思维导图：提升你的职场核心竞争力》（北京时代华文书局）等书中的观点、原理或训练方法。在此，谨向上述图书的作者和编者表示深深的敬意和诚挚的感谢！此外，由于条件所限，有少部分选用作品的作者我们无法取得联系，还有一些作品在原出版物上就没有署名，在此一并表示深深的谢意。

　　本书是在学院党委副书记夏宝芹、创新创业中心副主任赵俊、锥形人才研究中心主任李立如、李晓琛、王玉媛和罗海琼老师的共同参与下完成的。

由于时间仓促，编者的水平有限，书中的错误和缺点在所难免，敬请广大读者给予批评指正。

作者

2019年3月